TOUCHE PAS
A
MON POTE

HARLEM DÉSIR

TOUCHE PAS A MON POTE

BERNARD GRASSET

PARIS

A Marianne,
à tous mes amis de S.O.S. Racisme.

La Concorde des potes

Un soleil pâle s'est levé peu après cinq heures et demie. Il commençait à faire vraiment frisquet. J'ai enfilé un pull. « Malavoi », le supergroupe antillais, entrait enfin sur scène. Avec six heures de retard. « Jéricho », les derniers de la liste, battaient la semelle derrière la scène en attendant leur tour.

Mon estomac criait famine. La soupe à l'oignon que j'avais partagée quelques heures plus tôt avec les policiers des Renseignements généraux, n'était plus qu'un souvenir. « Alors, on bouffe dans la gamelle des flics », m'avait lancé, hilare, Momo, un copain journaliste, avant de faire la même chose.

« Malavoi..., en direct de la Martinique », annonçait le chanteur. Ça allait secouer pour les cinquante mille obstinés qui s'accrochaient encore aux pavés et aux lampadaires de la place.

Alors que Malavoi attaquait son premier morceau, je suis descendu de la scène et j'ai traversé le no man's land fermé par les barrières métalliques, que les gros bras du service d'ordre avaient déserté. Pour la première fois depuis onze heures, depuis le début de cette folle nuit du 15 juin, je pouvais enfin céder à mon envie de parcourir en tous sens cette place, au milieu de ces potes inconnus venus, avec nous, fêter l'antiracisme. Pendant toute la nuit, obligé de faire des ronds de jambe aux invités, de régler les mille et un problèmes techniques, je n'avais cessé de regarder avec envie et désespoir cette immense foule amie où était ma vraie place. Pour la première fois de ma vie, j'étais du côté des organisateurs et pas des spectateurs. C'était bien, parce que c'était *notre* fête, tellement différente de tous les concerts auxquels j'avais pu assister dans le passé. Mais, malgré tout, j'appartenais davantage à ceux d'en bas qu'à ceux d'en haut.

Cette place de la Concorde, dont l'immensité nous avait affolés les copains et moi les jours précédents, j'avais l'impression ce matin-là de la voir pour la première fois. Elle était devenue un lieu familier, presque intime. Nôtre. Mienne. Des potes dansaient au son des congas et des violons de Malavoi. D'autres dormaient paisiblement, roulés en boule par terre dans des duvets. J'ai rencontré sous la statue de Nantes des copains, venus de Bourges. Jusqu'aux marches du Palais-Bourbon, de l'autre côté du pont de la Concorde, une foule encore dense chantait, rêvait, s'embrassait, marquait le rythme. Je titubais un peu en revenant vers la grande scène où Jéricho s'apprêtait à jouer son premier morceau. C'était la fin. Nous avions réussi. Réussi au-delà de toutes nos espérances. La veille encore, nos rêves les plus fous ne nous emportaient pas plus loin que ces cent mille personnes, but officiel que nous nous étions fixé. Il y en avait eu trois à quatre fois plus, selon les estimations des spécialistes – journalistes, producteurs de concerts, policiers des R.G. – que j'avais sondés tout au long de la nuit.

Dès six heures du soir, la veille, nous avions su que c'était gagné. Lorsque Julien avait pris le micro pour annoncer Yvan Dautin, le premier parrain de S.O.S., à qui revenait de droit l'honneur d'ouvrir la fête, les potes étaient déjà plus de cinquante mille. Jusqu'à minuit passé ils n'avaient cessé d'affluer. De Paris, de banlieue, de province. Par vagues successives. Aussi loin que portaient nos regards, la Place, les Champs-Élysées, le pont de la Concorde, la rue Royale, la rue de Rivoli, les quais, tout était noir de monde. Noir d'une foule multicolore, chaleureuse, amicale. Identique à celles auxquelles j'avais appartenu, jeune lycéen ou étudiant, avides de se soûler de musique, communiant dans le même bonheur d'exister. Identique et pourtant dissemblable. Celle-ci n'était pas venue là uniquement pour la musique. Elle était aussi venue témoigner de son désir de vivre ensemble, blancs, blacks, beurs, auvergnats et vietnamiens, africains et bretons, maghrébins, juifs, musulmans, cathos et rien du tout. « La Concorde des potes »... Notre fête avait vraiment mérité son nom.

Seule fausse note, mais inévitable : la présence du service d'ordre, exigée, en dépit de nos protestations, par les organisateurs du concert. Gros bras et petites cervelles, habitués à travailler *au faciès*. Nous

connaissions bien leurs méthodes pour les avoir
éprouvées en tant que « consommateurs », si je puis
dire. Que notre fête fût différente des traditionnels
concerts payants ne les avait pas troublés le moins
du monde! Tout au long de la nuit, nous avons dû
aller tirer de leurs pattes bon nombre de copains
qui, avec ou sans badge, leur paraissaient à l'évidence trop basanés pour entrer au village des
invités. En revanche, lorsque vers minuit la foule
commença à envahir le périmètre interdit et à
menacer les abords directs de la scène, le responsable du service d'ordre vint me prévenir que « ses
gars » déclaraient forfait! La situation risquait de
devenir grave. Déjà, compressées contre les barrières, certaines personnes s'étaient évanouies. Les
secouristes commençaient à courir partout. Les premiers rangs se trouvaient au pied de la scène et,
derrière, ça continuait à pousser. Il fallait faire
quelque chose. Et en premier lieu stopper le concert.
« Ne faites pas ça, gémissait le responsable de la
scène, ils vont tout casser. » Rapidement, avec Julien
et Rocky, nous avons décidé de dire les choses
comme elles étaient. Julien a pris le micro et a
expliqué qu'il fallait interrompre le spectacle, déga-
ger l'avant-scène et que tout le monde accepte de
reculer de plusieurs dizaines de mètres sur l'ensemble de la Place. Pendant ce temps, Rocky rassem-
blait le propre service d'ordre de l'association et,
mégaphone en main, commençait à faire battre en
retraite les premiers rangs... En une heure tout était
rentré dans l'ordre. Les organisateurs du spectacle

n'en croyaient pas leurs yeux. Pour nous ce n'était pas si surprenant. Nous savions bien que cette foule-là n'était pas comme les autres. C'était l'anti-Heysel en quelque sorte. Nos potes ne pouvaient être qu'à la hauteur. Ils l'ont été.

Les artistes aussi. Car, après cet entracte forcé, tout fut chamboulé et le retard s'accrut dans des proportions telles qu'il devint évident que tous ne pourraient pas passer. Malavoi et Jéricho, qui devaient clôturer la nuit, se mirent philosophiquement à « taper le bœuf » sous la tente du village des artistes avec des verres et des petites cuillères. D'autres durent repartir sans avoir pu jouer, comme Orchestral Manœuvre in the Dark, Djurdjura, Bernard Lavilliers, Karim Kacel et Jean-Jacques Goldman. Aujourd'hui encore cela me rend malade de honte, même si aucun d'entre eux ne nous a fait le moindre reproche. La plupart ont trompé leur attente autour du buffet et des quelques tables installées en face du musée du Jeu de Paume sur la terrasse des Tuileries qui domine la Place, à l'angle de la rue de Rivoli. Là, dans cet espace magique, s'étaient côtoyés tout au long de cette folle nuit les personnages les plus différents qui soient. Premier arrivé, deux heures avant tout le monde, Guy Béart avait semé la panique chez les copains qui n'avaient pas encore installé le bar et ne pouvaient pas lui offrir un verre. Dans mon brouillard, j'avais quand même reconnu au hasard des rencontres, Miou-Miou, Richard Berry et Jane Manson, Pierre Barouh, Olivier Stirn et François Doubin, Bernard-

Henri Lévy et Marek Halter, Coluche, Guy Bedos, Michel Boujenah – tous trois animateurs du spectacle –, Christian Delorme bien sûr, Isabelle Huppert, Ivan Levaï, Driss et Farid Aïchoun de Sans Frontière, Jack Lang, Lionel Jospin, Herbie Hancok, et même Mouna Aguigui!

A 7 h 35, Mory Kanté et Salif Keita, les « griots » vedettes du groupe Jéricho, firent résonner leur kora pour la dernière fois. La fête allait s'achever, à regret. « Non, non, criaient les derniers spectateurs, encore. » J'ai pris le micro : « Voilà c'est fini. Vous avez été géniaux. Merci et salut. » Je suis allé retrouver Marianne qui avait fini par s'endormir, épuisée, à l'arrière de la scène. Julien, Rocky, Malik, nous ont rejoints. Nous n'avions pas besoin de parler pour savoir qu'on pensait tous la même chose. Tant de chemin parcouru en quelques mois... En dépit des mises en garde et des sages avertissements, nous avions délibérément pris nos rêves pour des réalités. Et ça avait marché.

S.O.S. Racisme existait. Nous avions prouvé que l'antiracisme était un combat capable de mobiliser des centaines de milliers de personnes. Et pas uniquement pour faire la fête.

C'est en rentrant, ce matin-là, à travers un Paris radieux, que j'ai eu envie de raconter cette histoire. L'histoire de S.O.S. Racisme et des potes qui y ont cru et ont rendu possible cette aventure.

S.O.S. RACISME
Bulletin hebdomadaire de l'Agence d'information
Jeudi 20 juin 1985

Ils seront cent mille, annoncent-ils. A la fête de la Concorde?
Non. Au Bourget, pour la fête des Bleu-blanc-rouge, proclame le
bulletin téléphonique de Radio-Le Pen, samedi 15 juin au matin.
Coïncidence? Le bulletin se clôt quelques minutes plus tard sur
l'annonce de la grande fête des beurs. Une publicité étonnante
pour une manifestation organisée « avec l'appui et, à l'évidence,
la complicité du pouvoir ». Le pouvoir, mais aussi la « Propagan-
da-staffel socialiste ». C'est bien d'un acte de collaboration qu'il
s'agit puisqu'il y a eu « trahison », l'armée ayant « participé sur
ordre aux aménagements de cette fête antifrançaise ».
   Le lundi 17 juin, ces insinuations mesurées sont reprises pour
décrire « la grand-messe anti-française (...) sacrifiée par le grand
prêtre Harlem Désir, (...) qu'on s'apprêtait à voir brandir une
figurine d'argile à l'effigie de Jean-Marie Le Pen, et à la transper-
cer d'aiguilles ».
   A cette fête sauvage participaient les « pèlerins du sens de
l'histoire, pèlerins en Rolls-Royce, les Bedos, Colluci (*sic*), Lavilliers, Bernard-Henri Lévy et Olivier Stirn ». Argent et cosmopoli-
tisme, bien sûr. Tout s'est achevé, dimanche, par « 7 sur 7 », où
Mme Levaï (comprendre Anne Sinclair) recevait Harlem Désir.
Avertissement final : qu'on ne s'abuse pas, cette « entreprise
nationalicide en préfigure d'autres où les flonflons et les sourires
ne seront plus de mise ».

I

Un président nommé Désir

Je m'appelle Harlem. Et Désir. Même s'il paraît que « c'est trop beau pour être vrai », comme a dit je ne sais plus qui. Je m'appelle Harlem Désir depuis 1959. J'ai eu le temps de m'y habituer. Mais ce nom venu d'ailleurs fait toujours lever le sourcil à ceux qui l'entendent pour la première fois. Même les potes, pourtant blasés, en ressentent encore l'exotisme symbolique. Le croira-t-on ? C'est à cause de lui que je suis devenu président de S.O.S. Racisme. Lorsque, en novembre 1984, nous sommes allés à la préfecture faire enregistrer l'association que nous venions de créer, il a bien fallu lui donner un président. Chacun d'entre nous aurait convenu. Julien, notre « penseur officiel », a tranché : « Avec un nom pareil, pourquoi irait-on chercher quelqu'un d'autre ? »

Quand je suis né, mon père, enseignant dans le civil, faisait son service militaire en Algérie. Il n'est rentré qu'un mois après. Martiniquais né en Guyane, il vivait à Paris depuis l'âge de quatorze ans. La négritude, l'antillanité, être un déraciné, se voir

« différent » dans le regard des autres, c'est lui qui m'en a parlé. M'appeler Harlem, c'était sans doute une sorte de défi à ses yeux. Moi je me sentais parisien, français, « normal, quoi », comme dirait Coluche. Mes copains ils s'en foutaient que je sois beige foncé. Mais j'ai toujours été étonné que mon père n'ait jamais eu envie de retourner chez lui. Quant à moi, je n'ai connu la Martinique – où d'ailleurs j'ai été considéré comme un « zoreille [1] » – qu'en 1974. Pas simple tout ça.

Dans ma famille paternelle, il était entendu que les enfants devaient faire leur vie ici, en France. A la maison personne ne parlait créole, et très peu de l'île natale. Mes racines, je ne les ai senti pousser que récemment. Tout me plaît là-bas. La vie en communauté, la musique, la bouffe, la langue, le pays... Mais je crois que c'est un peu tard. La banlieue parisienne et la porte d'Italie me sont plus familières.

Je ne me suis jamais senti différent de mes copains de bahut. Sauf parfois, moi aussi, dans le regard des autres. Mais je ne m'attardais pas. Bref... le racisme ça ne m'a pas concerné très tôt. Moi, ce qui me branchait, c'était la musique et les voitures de course.

Au collège Paul-Bourget, porte d'Italie – où je suis resté de la sixième à la quatrième –, il y avait en majorité des enfants de la « zone » qui subsiste,

---

1. Zoreille : terme créole désignant le français métropolitain, blanc habituellement!

coincée entre les boulevards des Maréchaux et les périphériques. Il paraît que le niveau n'y était pas très bon. Je l'ai appris en troisième au lycée Claude-Monet, parce qu'on m'y a aussitôt parqué, avec mon copain Hervé, dans une espèce de classe fourre-tout. Une sorte de réserve pour les présumés cancres, cas sociaux et autres irrécupérables, selon les normes du lycée. On avait les profs les plus ringards, des horaires insensés. Et comme Claude-Monet était un ancien lycée de jeunes filles, en guise de travaux pratiques on nous faisait faire de la couture et de la cuisine. Du coup, Hervé, les copains et moi, nous avons essayé d'être dignes de notre réputation. On n'a rien foutu. On a séché les cours. On s'est bien marré! Malgré ça, nous sommes tous passé en seconde, parce que les professeurs n'avaient pas envie de nous voir redoubler et de nous garder une année de plus!

C'est en seconde que nous avons donné libre cours à notre passion de la musique. Parce qu'au lycée, franchement, on en faisait encore moins que l'année précédente. L'essentiel de notre temps se passait à essayer de trouver une grosse caisse, un tombasse, une cymbale ou une batterie, ou bien un local pour répéter avec les copains. A tenter de monter des petits groupes de rock. On a même réussi à se faire prêter la salle des conférences du lycée pour y donner des concerts.

Ça discutait ferme parmi nous. Mais pas vraiment politique. On s'engueulait plutôt pour savoir s'il fallait faire du jazz rock, du folk ou de la *progressive music.* Notre groupe était très mélangé. Il y avait Eugène Bachman, d'origine cambodgienne. C'était notre guitariste. Il y avait aussi Néné, de Madagascar, un superpianiste et un basketteur hors pair. Et puis Denis, qui jouait de la guitare et du saxo. Aujourd'hui, il s'est reconverti dans le bel canto. Il a été témoin à mon mariage. Hervé jouait de la batterie, comme moi. Mais lui a maintenant atteint un niveau professionnel. Pas moi.

A Claude-Monet, il y avait vraiment de tout : Français « de souche », Antillais, Asiatiques, Africains et Maghrébins. Mais on n'y faisait pas attention. On était des copains, un point c'est tout. Et lorsque l'un d'entre nous se faisait – rarement – traiter de « sale Noir » ou de « métèque », tout le groupe faisait front. Mais on n'appelait pas ça du racisme, plutôt de la connerie... Quant à la politique, ce n'était pas notre préoccupation principale. Mais ce n'était pas non plus le désintérêt total. En fait, c'est en terminale qu'on a commencé à en parler, à organiser des débats. A propos de l'extradition de l'avocat allemand Klaus Croissant, par exemple, soupçonné d'aider la Bande à Baader. Mais il y avait toujours un « fond musical ». Le plus souvent c'étaient des étudiants de la fac de Tolbiac qui venaient en voisins discuter avec nous. La Ligue communiste révolutionnaire, les anars, un peu d'écolos... Ça nous intéressait mais ça restait quand même un peu « exotique ».

Ça l'est resté pour moi jusqu'à ce que je rencontre Rocky, en terminale. Il était à la Ligue communiste révolutionnaire et nous discutions beaucoup. C'est à cause de lui, en grande partie, que je me suis retrouvé en philo à Tolbiac. J'ai adhéré au M.A.S. (Mouvement d'action syndicale), mais j'ai résisté énergiquement à l'enrôlement politique. J'avais des copains partout et je ne voulais en perdre aucun. Parce que dans ces groupuscules, le sectarisme ce n'était pas rien.

Tous ces débats me plaisaient bien, mais je n'y participais pas vraiment. J'étais davantage un spectateur. L'assassinat de Rosa Luxembourg, Kronstadt, Ramon Mercader, la troisième scission de la IVe Internationale, les sociaux-traîtres, les lambertistes..., tout ça ne me paraissait quand même pas fondamental. Au M.A.S., au moins, il y avait tout le monde.

En fait, lorsque je revois toutes ces années, je me rends compte que c'étaient des années heureuses. La musique, les copains, le bahut, les grands débats philosophiques... Nous vivions en quelque sorte en état d'innocence. La première fêlure date pourtant de cette époque. De l'hiver 1977 exactement. Un matin, en arrivant au lycée, notre univers avait volé en éclats. La veille au soir, au cours d'un concert pop à la porte de Pantin – celui de Peter Gabriel – auquel bon nombre d'entre nous étaient allés, un jeune lycéen de dix-sept ans s'était fait flinguer par un des vigiles du service d'ordre. Lucien Mélion était antillais et habitait Garges-lès-Gonesse. Marron, comme moi. Fou de musique, lycéen et encore môme, comme nous tous. Son sort aurait pu être le nôtre. Chacun se sentait concerné, brutalement, par ce racisme meurtrier, antijeune, antinoir.

Immédiatement, spontanément, il y a eu une assemblée générale. C'était la première fois qu'une mobilisation se faisait pour autre chose que la défense de notre petit univers clos. Rocky nous a dit qu'il y aurait des délégations de lycéens à l'enterrement. J'ai fait partie de celle de Claude-Monet.

J'ai gardé un souvenir très précis de ce jour-là. C'était le 10 novembre. Il y avait plus de cinq mille personnes, essentiellement des lycéens, à cette marche silencieuse à Garges-lès-Gonesse. Dans l'église où la cérémonie s'est déroulée, les frères et les copains de Lucien avaient joué de la musique et chanté. Du soul et du folk. Une chanson de Bob Marley aussi. Tout le monde pleurait. Moi-même je n'ai pu retenir mes larmes.

En décembre 1984, j'étais avec les copains de S.O.S. Racisme – qui avait alors trois mois d'existence –, les mêmes qu'à l'époque du lycée, Rocky, Julien, Denis et les autres, place de la Sorbonne. Nous faisions signer une pétition pour la libération de Toumi Djaidja, le leader de la marche des beurs. On expliquait aux gens ce qu'était S.O.S. Racisme. Trois Antillaises se sont approchées pour signer. Elles ont écrit leur nom : Mélion. C'étaient les sœurs de Lucien. Et, depuis, son frère aîné est devenu membre du comité de parrainage de S.O.S. Nous avions tous la même histoire. Et la mémoire, pour nous, n'est pas un vain mot.

S.O.S RACISME
Bulletin hebdomadaire de l'Agence d'information
Mardi 2 avril 1985

Une vingtaine d'étudiants étrangers de l'école nationale laitière (E.N.I.L.) de Poligny, dans le Jura, nous rapportent qu'ils acquittent des droits d'inscription supérieurs à ceux des étudiants français : 1 527 francs de plus par trimestre, soit 3 600 francs au lieu de 2 073 francs.

Par ailleurs, ils affirment être isolés à un étage où le ménage, contrairement à ceux occupés par les Français, n'est pas fait régulièrement.

Pur produit de l'imagination de cette vingtaine d'étudiants que cette discrimination ?

C'est ce que répond la direction de l'établissement de Poligny, qui ajoute : « La perception de droits d'inscription supplémentaires est rendue nécessaire par les besoins d'alimentation particuliers des étudiants étrangers, et par le fait que nombre d'entre eux disposent de chambres individuelles. »

II

Diégo, de Villetaneuse

« Qu'est-ce qu'il fout Diégo? Toujours en retard celui-là... » Dans la pizzeria où tous les copains de Villetaneuse avaient rendez-vous ce soir pluvieux d'octobre 1984, le seul qui manquait à l'appel était notre pote sénégalais, Diégo. On commençait à râler ferme lorsqu'il est arrivé. Mais nos lazzis se sont arrêtés net en voyant la tête qu'il faisait. « Qu'est-ce qui se passe, Diégo, t'as un problème ou quoi? » Alors il nous a raconté. Il avait pris le métro pour nous rejoindre, comme d'habitude. Mais ce soir-là, dans son wagon, une bonne femme avait tout d'un coup crié qu'on venait de lui voler son portefeuille. Diégo était le seul Noir dans la voiture. Une à une, toutes les têtes se sont tournées vers lui. Accusatrices. D'abord amusé, puis agacé devant ces faces blanches luisantes de certitude, Diégo avait brusquement paniqué. « Ces cons ils vont me casser la gueule, et les flics après eux. » Dans sa tête défilaient toutes ces histoires qui n'arrivent qu'aux autres. Un Noir enchaîné vingt-quatre heures à un radiateur par des policiers qui l'obligent à boire dans l'écuelle d'un chien... Les insultes racistes, les coups, les traditionnels « rentre chez toi, bougnoule ». Étudiant en fin d'étude à l'I.U.T. de Villetaneuse, Diégo ne vaut pas mieux que le balayeur municipal. Il est noir avant tout. Très noir. Diégo va crier. Mais c'est la pseudo-volée qui soudain s'écrie : « Mon portefeuille, je l'ai retrouvé... » Les visages accusateurs se détournent. Indifférents. Même pas gênés. Diégo descend. Il tremble. Il tente de calmer sa rage impuissante en déambulant dans les rues avant de nous rejoindre. Sa décision est prise. Il va partir, rentrer chez lui, au Sénégal. Il sait qu'il ne peut plus supporter davantage ce racisme ordinaire que, jusqu'ici, il s'efforçait de ne pas remarquer.

Nous nous regardons. Atterrés. Mais pas étonnés. Ce racisme-là, nous le côtoyons chaque jour. Diane, par exemple. A l'hôpital où elle travaille comme étudiante en médecine, les malades « français » demandent souvent à changer de chambre pour ne pas être à côté d'un « bougnoule ». Ou crèvent de trouille si le docteur est noir. Fatima, elle, ce sont ses parents qui l'inquiètent. Après tant d'années passées en France, où elle est née, voilà qu'ils parlent de rentrer au pays. Après tous ces attentats racistes, ils n'osent plus sortir le soir et ne ferment pas l'œil tant qu'elle et ses frères n'ont pas regagné le logis.

Du coup, chacun y va de ses histoires tristes. Ajoute une considération. Évoque un souvenir. Ce dîner de copains tourne à la réunion d'anciens combattants. Curieux... Ce racisme que nous avions toujours voulu traiter par le mépris, nous voilà forcés d'y faire face. A cause de Diégo. Mais pas seulement. En fait, nous nous sentons cernés, menacés directement. Insidieusement, sans qu'on y prenne garde, les « affaires » racistes se sont multipliées. Abdenbi Guemiah tiré comme un lapin à Nanterre parce que des gosses joueurs avaient énervé un Dupont-Lajoie flingueur. Touffik, onze ans, assassiné à La Courneuve. Un Arabe paisible balancé par trois fachos du « train d'enfer »... Une vieille dame poignardée à Nice, parce que juive. Deux Turcs assassinés pour rien à Châteaubriant par un jeune chômeur français. Trop c'est trop. Le temps du mépris c'est fini. Il faut réagir. Diégo ne doit pas repartir vaincu, humilié. Nous devons faire en sorte que l'indifférence cesse, que le racisme trouve en face de lui autre chose qu'une résignation pleurnicharde. C'est bien de protester après chaque assassinat ou attentat. De défiler avec des pancartes. Nous, bêtement, on a envie de rendre cela impossible. Mais comment?

Une certitude : on ne peut pas compter sur les partis de gauche – la droite on n'en parle même pas. Dans les municipalités qu'il contrôle, le P.S. applique souvent, même sans le reconnaître, les fameux « quotas » d'immigrés dans les H.L.M. Quotas d'ailleurs valables également pour les Antillais, dont la carte d'identité française ne compense pas la couleur de la peau. On ne peut pas non plus intégrer purement et simplement les organisations officielles qui luttent contre le racisme. Ni la Ligue des Droits de l'homme, ni la L.I.C.R.A., ni le M.R.A.P. n'ont réussi à en endiguer la montée. Et puis tout ça est trop officiel, trop lourd, trop bureaucratique. Il faut créer notre propre structure, s'adresser directement aux gens et non aux notabilités. Les lycées, les facs, les jeunes qui cherchent ou commencent à bosser, c'est notre univers. C'est là que nous pourrons faire le meilleur travail.

Au dixième café, alors que la pizzeria ferme, on décide tous de se revoir le lendemain. Et tous les jours suivants s'il le faut. Jusqu'à ce que nous ayons trouvé quoi faire. Et, d'avance, nous jurons que l'échec nous est interdit.

Ça, pour parler, on a parlé. On a rameuté tous les copains. Et tout le monde a été prié d'avoir au moins une idée géniale. Bizarrement, trouver notre « marque déposée » a été réglé immédiatement. S.O.S Racisme, nous sommes tous tombés d'accord sur le nom. Le reste a été plus ardu. De ces toutes premières réunions, deux projets ont véritablement émergé. Tout d'abord, aller voir des gens qui, déjà, avaient commencé à agir. Notamment au sein du mouvement beur. Soit pour tirer profit de leur expérience, soit, plus simplement, pour les rejoindre si ça marchait entre nous. Mais aussi, très vite, l'idée de porter un badge, et de le faire porter à tous les antiracistes, s'est imposée. On avait tous été frappés de voir à quelle vitesse celui de Solidarnosc avait franchi les frontières polonaises. Faire porter le nôtre à Mourousi et à Montand, comme ils l'avaient fait pour Walesa, c'était ça le but. Rien de tel que des stars pour populariser une idée. On s'est dit aussi qu'il faudrait un jour organiser une gigantesque fête de l'antiracisme. Pas du tout fête à Neu-Neu, comme celle de l'Huma mais plutôt – on ne se refait pas – du genre concert inoubliable. Avec un plateau de rêve, de supervedettes de toutes les couleurs. L'avenir était à nous... A partir de là le plus dur restait à faire.

Vers la mi-octobre paraît dans *le Monde* un article sur Christian Delorme, le « curé des Minguettes », le « père spirituel de la marche des beurs », qui appelle à « dresser un cordon sanitaire » autour du Front National. Nous décidons aussitôt de le contacter à la Cimade de Lyon. Son expérience et son soutien nous seraient précieux. Il accepte de nous recevoir le mercredi 24 octobre à vingt heures à Lyon. Le jour dit, nous avons rendez-vous, Rocky et moi à la gare de Lyon, avec deux potes de Villetaneuse, Éric Montès et Jean-Pierre Chaumont. Mais sous le panneau des départs où nous nous retrouvons, nous réalisons que neuf trains sur dix sont annulés : c'est la grève. Panique. A force de téléphoner tous azimuts, Rocky finit par trouver une voiture à emprunter. Et c'est parti pour cinq heures de route. Durant le trajet, nous donnons à Éric un cours de théologie accéléré. C'est la première fois qu'il va rencontrer un prêtre, il veut savoir quoi dire.

Bien entendu, nous nous perdons sur les hauteurs de la Croix-Rousse avant de trouver les locaux de la Cimade. Il est vingt-deux heures... Mais Christian Delorme nous accueille gentiment et nous rassure d'un « non, ce n'est pas grave »... Pour lui la soirée ne fait que commencer.

Pendant que nous lui exposons notre projet, nous coupant les uns les autres, bafouillant un peu, bref, intimidés, il semble méditer, peser nos propos, tout en tirant sur sa pipe. Lorsque enfin il prend la parole, nous échangeons des regards un peu paniqués. Mais, dès les premiers mots, nous savons que le courant est passé. Delorme ne nous cache pas que nous rencontrerons bien des difficultés, y compris au sein du mouvement associatif animé par de jeunes immigrés. Il nous laisse entendre que lui-même entretient des relations conflictuelles avec certains d'entre eux qui lui reprochent le trop grand œcuménisme de la marche des beurs. L'été précédent, des assises ayant pour but de réunir toutes ces associations, avaient d'ailleurs débouché sur une scission brutale. Autour de Farida Belgoul, un groupe a décidé de faire cavalier seul et de lancer « Convergences 84 ». Des mobylettes prendront le relais des marcheurs de l'année précédente et, nous apprend Christian Delorme, traverseront la France tout au long du mois de novembre 1984, pour se retrouver à Paris le 1ᵉʳ décembre. Le thème : « La France c'est comme une mobylette : pour avancer il lui faut du mélange. »

Or justement Farida est là, dans les locaux de la Cimade de Lyon, où elle tient une réunion. Elle surgit dans la salle où nous discutons avec Christian. Elle a l'air de lui reprocher d'avoir quitté « sa » réunion pour nous – d'abord, qui sommes-nous? – depuis presque deux heures. Rocky tombe des nues. Farida? Mais il l'a connue à la fac du Panthéon.

« Salut Farida, lance-t-il tout sourire. – Ah, parce que tu es là-dedans, toi? » Pas très aimables les retrouvailles. En fait, Rocky l'a rencontrée lorsqu'il était à la L.C.R. et elle à l'U.E.C. Elle ne semble pas plus ravie que ça de le revoir.

Nous quittons Christian vers une heure du matin. Il nous a assuré qu'il était prêt à nous aider, à nous faire rencontrer des militants beurs. Nous rentrons à Paris un peu regonflés.

Pendant qu'on était à Lyon, les copains n'avaient

S.O.S. RACISME
Bulletin hebdomadaire de l'Agence d'information
Mardi 16 avril 1985

« Tout gitan nomade circulant à pied ou en voiture est un danger pour vos biens ou celui de vos voisins. Téléphonez à la gendarmerie ou au commissariat dès que vous remarquez leur présence dans votre quartier. »

Non, ce n'est pas un ordre d'une « kommandantur » durant l'occupation. Cet extrait est tiré du journal d'une association « Vivre en sécurité », de Noisy-le-Grand, dans la Seine-Saint-Denis. Cette publication, c'est l'Union des Tsiganes et des Voyageurs de France qui nous l'a envoyée. Celle-ci a porté plainte auprès du procureur de la République. Mais le mal est fait, l'écrit a déjà circulé dans la région de Noisy, et il a été lu. Pour dénoncer ces accusations, « les gens du voyage », comme ils se nomment eux-mêmes, ont essayé de contacter la presse : « Mais nous, les gitans, on a du mal à être entendus. » Les racistes d'aujourd'hui frappent davantage l'Arabe et le Noir.

pas chômé à Paris. Par des moyens tordus, ils avaient réussi à décrocher nos deux premiers contacts avec le monde doré du showbiz. Yvan Dautin, vraiment sympa et prêt à « parrainer » notre mouvement quand il existerait. Et Coluche, un gros poisson pour nous. Pas vraiment hostile mais plutôt prudent. Du genre « j'ai déjà tellement donné »... Il voulait voir, avec raison, si notre truc ce n'était pas du bidon.

En un mois on avait quand même bien avancé. Le nom de l'association, le badge, et quasiment deux parrains. Le sens de notre action, c'était l'actualité qui le donnait. Recenser tous les actes de racisme commis en France, au jour le jour, ça nous occupait déjà pas mal. Mais pour organiser la riposte, faire passer les communiqués, exister enfin, il nous fallait la consécration des médias. Et aussi, évidemment, un local. La recherche de ce fameux local nous fit pas mal déchanter. En ratissant les fonds de tiroirs de tout le monde, on pouvait à peine payer un mois de loyer. Nous ne voulions pas trop écorner les deux prêts étudiants que nous avions contractés, pour un montant de cinquante mille francs. Surtout, aucun propriétaire, en apprenant le nom et le but de l'association, ne s'était encore montré disposé à courir le risque des représailles éventuelles de ceux – nombreux – que notre existence allait gêner.

Comme ça traînait trop, nous avons décidé de fixer quand même la date de notre première conférence de presse, pour que, au moins, notre « naissance » officielle soit connue de la presse. Mais pour ça aussi il nous fallait une salle. Heureusement l'oncle d'un copain, Laurent Gourarier, était secrétaire général de la Fédération internationale de la Ligue des Droits de l'homme : Mᵉ Daniel Jacoby. Nous l'avons rencontré et, tout d'abord, proposé d'être parrain de S.O.S. Il a accepté. Ensuite, on lui a exposé notre problème : trouver un local et, en attendant, se faire prêter une salle pour notre conférence de presse. Il nous a mis en contact avec Yves Jouffa, le président de la Ligue des Droits de l'homme. Et me voilà parti, une fois de plus, pour expliquer notre projet. Yves Jouffa m'a patiemment écouté jusqu'au bout. Mais il n'était pas très enthousiaste. « Ne vous faites pas trop d'illusions, m'a-t-il déclaré, ça risque de ne pas marcher. De n'intéresser personne. Même les grandes organisations officielles, la Ligue ou le M.R.A.P., ont du mal à mobiliser au-delà de leurs troupes habituelles. Alors vous... Mais vous pourriez prendre votre place chez nous. La Ligue est ouverte aux jeunes. » Malgré tout, Yves Jouffa a accepté de nous héberger rue Jean-Dolent pour notre première prestation médiatique. Et il a demandé à Bernard Vallon, son chargé des relations extérieures, de nous aider à monter le coup. Heureusement, parce que les journalistes et les célébrités, on n'en connaissait pas des masses.

La date fatidique était fixée au 22 novembre, à onze heures du matin. Comme le badge n'était pas encore prêt, nous avions fabriqué quelques prototypes en carton, destinés à la presse. Au-dessus de nos têtes avait été installée une belle banderole avec le

sigle et la main. Bref, nous étions très fiers et...
malades de trouille. La veille, en vrais « pros », nous
avions répété en tentant d'imaginer les questions des
journalistes. Peine perdue car, en fait, ce fut un bide
presque total. Très peu de journalistes s'étaient
déplacés. Il y avait surtout des représentants des
radios libres, Tropic FM et Radio-Gilda! Et encore,
parce qu'on y avait des copains! Quant au type de
l'A.F.P., il est parti avant la fin, et Rocky lui a couru
après jusque dans la rue pour tenter de lui vendre
notre salade. Il est vrai, on l'a appris depuis, que la
presse, à quelques rares exceptions près, s'intéresse
plus aux gloires confirmées qu'aux amateurs, surtout lorsqu'ils débutent.

Et pourtant un grand journal avait déjà parlé de
nous. *Le Nouvel Observateur*... Quelques lignes seulement, mais qui nous avaient causé bien des problèmes. Voilà l'histoire. Une dizaine de jours avant
la conférence de presse, nous avions réussi à décrocher un rendez-vous très important pour nous.
Toujours par le réseau des copains de copains, nous
avions fait la connaissance de Jean-Michel Grosz, le
président de la MNEF. Il nous avait pris en affection
et s'était fait fort de nous arranger des rencontres
avec quelques « grands » des médias. Ami de Claude
Perdriel, P.-D.G du *Nouvel Observateur*, il se
débrouilla pour obtenir un rendez-vous avec Jean
Daniel. Et il nous y emmena. Il lui exposa le but de
notre association et essaya de l'y intéresser. En fait,
nous n'eûmes guère l'occasion de placer un mot, car
le directeur du *Nouvel Observateur* parla presque

tout le temps, et nous étions assez intimidés. Mais, malgré tout le respect qu'il nous inspirait, nous avons eu parfois du mal à garder notre sérieux. En fait, Jean Daniel, s'il jugeait notre but très valable, trouvait aussi que nos moyens étaient inadaptés. Il nous encouragea vivement à nous organiser plutôt sur le mode des lobbies américains qui offrent à chaque communauté des moyens de pression sociaux et politiques et leur permettent de préserver l'originalité de leur vie culturelle. A son avis, la mosaïque américaine devait servir de modèle pour l'insertion des groupes immigrés dans la communauté française. Julien protesta : proposer aux Maghrébins de s'organiser en lobby était impensable. D'abord, parce qu'ils n'en avaient pas et n'en auraient jamais les moyens. Ensuite, parce que cela risquerait d'aggraver le rejet raciste dont ils étaient déjà victimes. Nous pensions, nous, qu'au lieu de pousser les gens vers un repli sur leur groupe d'origine, il fallait créer une solidarité intercommunautaire et valoriser la richesse née de la rencontre entre toutes ces cultures.

Dans notre petit groupe se trouvait Laurent Gourarier, dit Gougou. Juif d'origine polonaise, son père avait été déporté. Coupant alors la parole à Jean Daniel, il se lança dans une très longue dissertation sur le problème israélo-arabe et ses répercussions dans le combat anti-raciste en France. A S.O.S., beurs et juifs vivaient en bonne intelligence. En revanche, la récente mobilisation des jeunes d'origine maghrébine n'avait que peu concerné les juifs.

Gougou tenait l'explication : beaucoup de beurs se coiffaient du keffieh et affichaient un antisionisme virulent. « Chez nous, la solidarité juifs-Arabes est une réalité », s'enflammait Gougou. Nous avions du mal à saisir un mot sur dix du charabia qu'il psalmodiait, comme à chaque fois qu'il était ému. Mais Jean Daniel, lui, avait l'air de comprendre. Une conversation s'est engagée entre eux, qui nous laissait, Julien et moi, loin derrière. Au bout d'une heure, nous commencions à trouver le temps long. Sur la fin, Jacques Julliard passa la tête dans le bureau et sembla s'intéresser à nous. A notre grand ravissement, il nous promit « quelque chose » pour « bientôt ». Et effectivement, un ou deux numéros plus tard, *l'Obs* nous consacra dix lignes... pour expliquer que notre véritable but était d'arracher aux communistes la direction du mouvement des beurs et des jeunes immigrés! Nous avions dû certainement mal nous exprimer, ou bien nous avions été mal entendus. Nous avions bien le souvenir d'avoir évoqué, en passant, le risque d'une possible récupération de ce mouvement par le P.C. comme au départ de Convergences 84. Mais pas plus.

En tout cas, nous étions consternés. D'ailleurs, le résultat ne s'est pas fait attendre : Yves Jouffa, trois jours avant la date prévue pour la conférence de presse, nous appelle. Pas content du tout. « Je viens de lire *l'Observateur*. C'est très ennuyeux. Il faut tout annuler. La Ligue ne peut avoir l'air de cautionner une entreprise dirigée contre le parti communiste... » Il nous a fallu plaider longtemps, déployer des trésors de diplomatie, nous engager à obtenir un rectificatif dans l'*Obs* de la semaine suivante, pour le convaincre de nous laisser utiliser sa salle.

Pour un début dans les médias, c'était réussi. D'autant plus que les quelques lignes n'avaient même pas suffi à éveiller l'intérêt des confrères de l'*Obs*. Et le 22 novembre fut presque un coup pour rien. La dépêche de l'A.F.P. que Rocky avait arrachée de haute lutte fut le seul et minime écho que trouva notre conférence de presse. Ce soir-là, dans un petit restaurant près de la Gare de l'Est où nous fêtions notre baptême du feu, cette dépêche a passé de main en main. C'était la gloire enfin. La consécration. Notre euphorie fut de courte durée. Le lendemain matin il n'y avait pas une ligne dans les journaux... A l'évidence nous devions repenser notre stratégie.

III

Toumi, des Minguettes

Puisque les journalistes n'étaient pas venus à nous, nous avons décidé d'aller aux journalistes. Dès le 23 novembre, un peu défrisés mais pas découragés, nous avons entrepris, avec les copains, la tournée de la presse parisienne. *Le Matin, Libé, le Monde,* etc. A chaque fois nous déballions notre histoire, et, surtout nous laissions nos coordonnées. Car cette fois-ci, ça y était, on avait un local, au 19 rue Martel, et un téléphone. Cette bonne nouvelle nous avait été apportée durant la conférence de presse mais n'avait pas suffi, apparemment, à émouvoir notre maigre auditoire.

A tous les journalistes que nous avons rencontrés nous avons fixé un rendez-vous. Le 1er décembre. Jour de l'arrivée à Paris de la marche des beurs, organisée par Convergences 84. Nous y serions présents pour la première fois en tant qu'organisation déclarée, et notre fameux badge allait y être enfin testé à grande échelle.

La veille nous avions reçu nos cinq mille premières petites mains. Bleues, vertes, rouges et jaunes. A trois francs pièce, cela nous faisait une facture de quinze mille francs, dont le règlement avait achevé de vider nos fonds de tiroirs. Il ne restait plus grand-chose des cinquante mille francs du prêt. Et il allait falloir écouler tous les badges pour pouvoir rembourser et continuer. Nous avons travaillé comme des fous toute la nuit pour faire des paquets avec les badges et les autocollants, destinés à une trentaine de copains volontaires pour vendre tout ça le lendemain dans la manif et aux sorties des métros.

Cette fois-ci, il ne fallait pas se planter parce que, sinon, on sentait bien que ça n'irait pas plus loin. Mais, prudents – et échaudés –, nous avons décidé de n'apporter que deux mille cinq cents badges à la manif et de laisser le reste au local.

Le 1er décembre, je suis arrivé le dernier à Montparnasse et, en sortant du métro, j'ai eu un choc : des tas de gens que je ne connaissais pas portaient la petite main. Les copains qui vendaient étaient dévalisés. En une heure et demie le stock était épuisé. Il a fallu aller en rechercher. Les cinq mille sont partis. Et puis, surtout, les gens nous parlaient, nous interrogeaient sur S.O.S., le badge. Les réactions étaient très favorables. Notre moral est remonté en flèche. D'autant plus que nous avions pu échanger des adresses avec des groupes de province intéressés par S.O.S. Racisme. Nous avions enfin nos premiers points de chute en dehors de la capitale.

Mais le lendemain tout ceci n'avait guère laissé de trace dans la presse. Seul Nicolas Beau, dans *le*

Monde, parlait du badge et du slogan « Touche pas à mon pote ». Il est vrai que l'actualité, ce jour-là, c'était le refus de mise en liberté de Toumi Djaidja.

Toumi Djaidja, c'était pour nous tous le leader admiré de la marche des beurs, organisée en 1983. Reçu par le président Mitterrand à l'Elysée le 3 décembre 1983, Toumi avait cristallisé sur lui toute la haine raciste que le seul nom des Minguettes fait surgir. Une semaine après ce que la presse avait appelé son « triomphe », la police lui avait collé sur le dos une inculpation pour des affaires de vol et de recel commises en février et mars 1982 dans la région stéphanoise. L'affaire était étrange. Les témoignages hésitants. Les contradictions flagrantes. Et pourtant Toumi, qui clamait son innocence, fut condamné à quinze mois de prison ferme.

« Condamné pour l'exemple », nous avait dit Delorme à Lyon, en octobre dernier. Condamné pour les Minguettes, pour la marche des beurs, pour tous ces fils d'immigrés qui osaient relever la tête. Et cette fois-ci, c'était la Cour d'appel qui aggravait sa peine : quinze mois ferme, neuf avec sursis et trois ans de mise à l'épreuve.

Pour nous qui démarrions S.O.S., il n'était pas question de laisser passer sans réagir ce déni de justice. Nous avons donc réalisé un dossier sur l'affaire, et décidé de lancer une campagne pour sa mise en liberté. Le tout en liaison, bien sûr, avec les avocats, les amis et la famille de Toumi, et parallèlement aux actions que certaines associations avaient entreprises.

Pas découragés par notre premier échec, nous avons convoqué une nouvelle conférence de presse pour le 4 décembre, « chez nous », rue Martel. Cette fois-là, il y eut un petit peu plus de participants. *Le Matin*, *Libé*, *le Monde*, s'étaient déplacés. Notre « porte à porte » avait commencé à porter ses fruits. Cela dit, l'écho resta encore faible dans la presse : trois lignes par-ci, par-là. En revanche, notre pétition recueillit pas mal de signatures dans la rue. Et surtout dans les lycées, où le badge remportait un succès fou.

S.O.S. RACISME
Bulletin hebdomadaire de l'Agence d'information
Mardi 23 avril 1985

Un Marocain de trente-huit ans, Mohammed Bahbah, a été retrouvé inanimé sur la voie près de la gare d'Argenteuil. C'était le 23 mars dernier, vers vingt heures. Depuis, Mohammed Bahbah est à l'hôpital dans un état très grave. Tout ce qu'il a pu dire aux médecins qui lui donnaient les premiers soins, se résumait à quelques mots bredouillés : « J'ai été jeté du train. Je ne connais pas mes agresseurs. »

Plus tard, il confirme à la police qui l'interroge sur son lit d'hôpital ses premières déclarations. Il s'exprime par signes, trop faible pour prononcer un seul mot.

La police a lancé un appel pour retrouver des témoins, mais personne ne s'est encore présenté. Pourtant, la ligne d'Argenteuil est particulièrement fréquentée, surtout un samedi en début de soirée. Finalement, le parquet a ouvert une procédure pour coups et blessures volontaires.

Lorsque Toumi a été gracié par le président de la République, nous avons été formidablement heureux. Et nous avons tout de suite voulu le rencontrer. Pour tous, il était le symbole vivant du combat de S.O.S. Racisme. Certains rêvaient même d'en faire notre chef de file. Et puis nous avons réalisé qu'il sortait de prison, qu'il était plutôt secoué, qu'il avait envie de prendre du champ, de finir ses études d'éducateur, de se marier. Il en avait un peu marre d'être le symbole de l'antiracisme. Enfin, sa sécurité et celle de sa famille, en butte à des menaces très précises, inquiétaient ses amis. Notre rencontre avec lui, en février, nous a tous bouleversés. La presse en avait fait un chef de bande, le leader des « voyous des Minguettes ». En fait, nous nous sommes trouvés face à une sorte de mystique, d'apôtre, un peu naïf même. Comment dire? Toumi, c'est un agneau au milieu des loups... Il était effaré par toute cette haine qui montait vers lui.

Ce premier vrai combat avait été très important pour S.O.S. Pas seulement parce que, pour la première fois, l'association avait réussi à faire entendre sa voix – et même, enfin, dans les médias nationaux –, mais, surtout, parce que nous ne l'avions pas vécu en solitaires. L'écho que l'affaire Toumi, et, au-delà, tous ces problèmes de racisme anti-immigrés, anti-jeunes, « antidifférence », avait rencontré dans certaines couches de la population, et notamment dans les lycées, nous a fait comprendre que nous avions raison de nous accrocher. En face de la France bien assise du racisme banalisé, il existait aussi une

France moins peureuse, généreuse, ouverte, pour qui la couleur de la peau et le lieu de naissance n'avaient aucune importance. Et que cette France-là était aussi réelle que l'autre. Cet encouragement, nous en avions vraiment besoin. On commençait à désespérer et à repenser aux avertissements des aînés de la L.D.H., de la LICRA ou du M.R.A.P.

Pourtant, en dépit de la faible notoriété de l'association, très rapidement, des dizaines de personnes victimes de discriminations racistes nous téléphonèrent. Nous les recevions au local et constituions des dossiers : refus de louer un appartement à une famille arabe, de laisser entrer un jeune Antillais dans un bar de La Défense, de communiquer des offres d'emploi disponibles aux Arabes et aux Antillais dans telle A.N.P.E. du centre de Paris, etc. Heureusement, Bernard réussit à convaincre un de ses anciens enseignants de la fac de droit, avocat au barreau de Paris, de nous aider à faire déboucher ces faits divers sur des actions judiciaires. La première affaire que nous avons traitée fut celle de José Caldas, un Portugais qui avait été agressé dans la rue, avec sa femme, par un type qui « ne supportait pas les étrangers ». Et, le 14 janvier, nous remportions notre première victoire juridique.

C'est alors qu'est tombée du ciel une invitation à participer à une émission de télévision consacrée au racisme. Le 5 janvier 1985, Michel Polac avait en effet choisi pour thème de son « Droit de réponse » : « Nous sommes tous des immigrés. » C'était une occasion inespérée de populariser les buts de l'association et de la faire connaître au grand public. C'était aussi le moyen de montrer à la télé le badge. A défaut de le faire arborer, comme nous l'avions rêvé, par une grande star devant les caméras, j'étais, moi, chargé de « me débrouiller comme je voulais », mais qu'on le voie ce sacré badge.

Je savais, en téléspectateur occasionnel de « Droit de réponse », que ce ne serait pas facile. Dans ce genre de foire d'empoigne, il faut beaucoup de culot et encore plus de chance aux « zombies » relégués au fond du plateau pour parvenir : *a)* à se faire brancher un micro; *b)* à se faire entendre dans le brouhaha général; *c)* à trouver suffisamment de temps pour dire ce qu'on a à dire. Bref, avant l'émission, nous avions soigneusement préparé un petit plan de bataille.

D'abord, nous nous étions renseignés sur les participants « vedettes » de ce soir-là. Et nous les avions contactés tout de suite. Quelques-uns, pour leur demander de faire partie du comité de parrainage de S.O.S. Ensuite, nous avons débarqué à trois sur le plateau, une bonne demi-heure avant l'heure de convocation. Et tous les gens qui arrivaient, on leur collait d'autorité le badge au revers. Il y avait Michel Boujenah, Pierre Perret, le footballeur Luis Hernandez, Linda de Souza, deux femmes dont les fils avaient été victimes de crimes racistes. Du coup, lorsque l'émission a commencé, le badge se remarquait, porté par pas mal de participants. Et Michel Polac a expliqué ce que c'était, qui j'étais, et pourquoi avait été créé S.O.S. Racisme.

J'ai essayé de parler le plus souvent possible, d'interrompre, de sortir les petits topos qu'on avait préparés. De jouer le jeu Polac, en quelque sorte. Je n'étais bien sûr pas très content. J'avais l'impression de n'avoir rien dit de l'essentiel. Ainsi, à la fin de l'émission, je me suis soudain souvenu qu'il fallait que j'annonce notre projet de grand concert prévu au début de l'été. Alors que le générique démarrait, j'ai repris la parole. Mais les micros étaient déjà coupés... Finalement l'émission a eu un bon impact. Nous avons reçu beaucoup de lettres, de demandes d'adhésion. Des artistes, aussi, se sont manifestés pour proposer leur soutien, comme Brigitte Fossey.

Ça tombait bien, parce que nous avions décidé de faire, dans la foulée de l'émission, cinq jours après, une conférence de presse pour présenter nos « parrains ». Aussi, avant et après « Droit de réponse », tout le monde a été réquisitionné pour démarcher non seulement les milieux intellos, presse, édition, auteurs, profs, etc., mais aussi – et surtout, dirais-je, car on n'échappe pas au star-system – les milieux du showbiz.

Tous ces efforts ont payé puisque, le 10 janvier, rue Martel, il y avait du beau monde. Coluche, Brigitte Fossey, Pierre Douglas, Françoise Gaspard, Olivier Stirn, Akka Ghazi passé en coup de vent, et Souad Amidou, qui a brisé le cœur de tous mes copains. Comble de la gloire : Mme le Ministre des Affaires sociales, Georgina Dufoix, a passé la tête une heure après la bataille.

Le lendemain, tout le monde avait acheté les journaux avant de se rendre rue Martel. Déception. Dix lignes en dernière page de *Libé*. Une demi-colonne dans *le Matin*. Ce qui nous avait paru une conférence de presse réussie n'avait pas suffi à émouvoir le petit monde blasé de la presse parisienne.

J'étais triste aussi pour mon pote Michel, qui avait trouvé à lui tout seul la moitié du comité de parrainage. Il n'avait plus, en effet, que la presse pour se faire une idée de la percée de l'association... Il était parti, depuis la veille, pour faire son service militaire.

Cette fois-ci, ça devenait vraiment grave : nous avions l'impression d'avoir brûlé nos dernières cartouches.

IV

Saïd, du Havre

Malgré tout, S.O.S. Racisme existait. Nous avions commencé à nouer en province des liens utiles avec des gens motivés et de petites associations travaillant sur les mêmes thèmes que nous.

Et, quoi qu'on en pense, le passage chez Polac nous a sortis de l'anonymat. Dès le lendemain, 6 janvier, nos trois lignes de téléphone – aujourd'hui, rançon de la gloire, nous en avons treize – ont commencé à sonner sans interruption. En fait Michel Drucker, qui avait regardé l'émission de Polac à la télévision, et recevait justement ce jour-là Pierre Perret, un de nos nouveaux parrains, en avait parlé au cours de son émission sur Europe n°1. En donnant, gentillesse suprême, notre numéro de téléphone. Beaucoup de gens nous ont alors appelés – mais, bizarrement, ça n'a duré que la journée du 6 – pour avoir notre badge et adhérer.

Nous étions sortis de l'obscurité mais nous avions déjà compris qu'il fallait accéder à la notoriété. En fait, cette période a été un drôle d'apprentissage pour nous. Antiracistes, certes, nous trouvions beaucoup de gens qui se proclamaient tels. Tout le monde nous félicitait – braves petits jeunes gens – de nous lancer dans l'aventure. Mais on sait que les bons sentiments ne font pas la bonne littérature et ne suffisent pas à émouvoir les foules.

S.O.S. RACISME
Bulletin hebdomadaire de l'Agence d'information
Mardi 7 mai 1985

Mohamed Sako est chauffeur de taxi. Malheureusement pour lui, et pour l'état de ses relations avec la police parisienne, il est également africain.

Lundi 18 mars, Mohamed Sako dîne au Petit-Charretier avec ses amis de l'Association des taxis africains en France, l'ATAF. Comme tous les soirs où il travaille tard, il les a rejoints dans ce restaurant tranquille de la rue Jules-Verne. A vingt heures trente, il sort. Il doit passer cette nuit au volant de son taxi. Mais les cinq policiers en civil qui l'abordent à cet instant en ont apparemment décidé autrement. Alors qu'il demande à voir leurs cartes de police, Mohamed Sako est frappé sans avertissement au ventre et au visage. Plus grave, son permis de conduire, son outil de travail, est déchiré. Il y manque un feuillet, et pas le moindre, le premier, où figurent photo et numéro d'identification. Le lendemain, il se rend au commissariat du XIe arrondissement pour régulariser la situation et porter plainte pour coups et blessures. Dans les locaux, il reconnaît quatre de ses agresseurs. Le fonctionnaire de service lui délivre un récépissé de perte. Sur celui-ci, un laconique commentaire indique que le permis a été « dégradé »... La plainte, elle, passe aux oubliettes, sans autre explication qu'un « la police ne peut enquêter sur elle-même »...

Nous devions admettre, malgré notre répugnance à employer certaines méthodes, qu'il nous fallait « devenir à la mode » et, pour cela, être adoptés par cette petite société parisienne qui décide de ce qui a droit à l'existence et de ce qui doit retourner aux poubelles de l'histoire. Être adoptés... très bien. Nous allions essayer. Mais nous nous sommes alors juré de ne jamais en être dupes. De ne jamais devenir des antiracistes de salon. Avons-nous réussi?... J'ai envie de répondre oui. Cela pourrait paraître présomptueux. Je préfère que l'on juge simplement S.O.S. Racisme à ses résultats. Servons-nous à quelque chose? Avons-nous fait avancer la cause que nous défendons? Reste-t-il encore à faire en ce domaine? Tant qu'il sera répondu par l'affirmative à ces trois questions, S.O.S. Racisme continuera d'exister.

Nous avions donc décidé d'employer les grands moyens : trouver des parrains prestigieux à l'association. Nous espérions que les premiers convaincus sauraient faire des émules parmi leurs pairs. Éric Ghebali, le président de l'U.E.J.F., faisait partie de S.O.S. depuis sa création. Nous l'avions rencontré en novembre 1984, alors que nous étions en pleine gestation, et il nous avait encouragés à poursuivre. Il connaissait un peu Bernard-Henri Lévy et Marek Halter, et nous proposa de les faire entrer au comité de parrainage. Nous avons sauté sur cette idée. Éric nous a organisé un rendez-vous fin janvier avec Bernard-Henri Lévy. J'étais plutôt intimidé à l'idée de rencontrer la star de la nouvelle philosophie qui nous faisait tant jaser, mes copains et moi, à l'époque où je passais ma licence de philo. J'allais à ce rendez-vous, intimidé et sceptique. D'abord parce que je ne me reconnaissais pas dans sa pensée, mais aussi parce que l'image que j'avais de lui était celle d'un philosophe de salon qui ne prendrait pas le risque de se mouiller pour un groupe d'amateurs comme le nôtre. Julien n'y croyait pas trop non plus, mais la rencontre l'intéressait pour des raisons plus personnelles et familiales : son père avait bien connu la mère de Bernard-Henri Lévy, trente ans auparavant, en Algérie. Ils étaient même vaguement cousins. Et souvent, son père citait en exemple au cancre Julien le jeune Bernard-Henri qui, lui, avait choisi le bon chemin.

Bernard-Henri Lévy ressemblait étrangement aux portraits stéréotypés qu'en traçaient régulièrement les journalistes. Molle chemise blanche, largement ouverte, portée avec un pantalon de velours noir, très byronien. Le teint pâle et les yeux cernés de qui vient de passer deux nuits blanches à discuter philo ou à séduire des créatures de rêve... Dans ce visage d'éternel adolescent un regard grave, comme absent. Il nous a reçus assez froidement, de l'air de celui qui, trop souvent sollicité, a décidé de trier enfin parmi les bonnes œuvres qu'on lui propose. Mais, peu à peu, il se détendit. Nous regarda avec attention. Sourit. Quelque chose était passé entre nous, ressemblant à de l'amitié. En fait, sa réserve initiale était de la prudence. Sans savoir comment, nous nous sommes mis à discuter comme de presque vieux amis. Nous lui avons avoué que nous ne partagions pas l'ensemble de son analyse sur la place du racisme dans l'histoire et l'idéologie française, notamment sur le renvoi, dos à dos, de la gauche et de la droite. Mais, en gros, nous étions d'accord sur l'essentiel : la levée des tabous, le déverrouillage idéologique qui mettait tout sur le même plan, la perte d'un code de valeurs commun à l'ensemble de la classe politique, qui laissait libre cours à tous les délires et les phantasmes irrationnels qui alimentent le racisme. Il trouvait l'idée du badge géniale et semblait presque s'en vouloir de ne pas l'avoir eue lui-même. « Mais, dit-il, il n'y avait que des jeunes comme vous pour la trouver. »

Bernard-Henri Lévy nous a ouvert les portes que nous cherchions désespérément à forcer. Là, en une heure, à une table du Twickenham, son bar favori, il nous a fait un plan de bataille en or massif. Les célébrités du cinéma, du showbiz, de la politique, du monde intellectuel, il en faisait son affaire. Tous allaient accourir, porter notre badge, soutenir l'association, participer à son combat. Mais il fallait aussi obtenir le soutien de journalistes, les convaincre de faire des portraits de nous, etc. Éblouis, emportés, nous l'écoutions réciter négligemment l'annuaire du Gotha parisien. Tous étaient ses amis, tous étaient, il n'en doutait pas, des antiracistes convaincus. Il se chargeait de tout... Pour qu'il ne nous prenne pas trop pour des amateurs nous avions prévu de lui annoncer durant notre entretien, la bonne nouvelle de la journée. Malgré l'obscurité où nous restions englués, la télévision, trois jours plus tard, allait parler de nous... Eh oui! nous avions réussi – système « D » toujours – à entrer en contact, quelques jours plus tôt, avec LA star par excellence. Simone Signoret. Le circuit avait été assez compliqué. La copine d'un copain qui connaissait Françoise Gaspard... On lui a demandé de nous parrainer. Dans la conversation, le nom de Signoret survient. De fil en aiguille, Françoise Gaspard nous promet d'essayer de nous arranger une rencontre. Ça marche...

Nous l'avions rencontrée chez elle, place Dauphine. Elle avait été égale à elle-même : tout simplement formidable. Gentille, marrante, écoutant tout ce qu'on lui débitait avec une patience... Elle était installée devant la cheminée dans laquelle brûlait un beau feu. Au mur étaient accrochées des photos que nous regardions à la dérobée : tous les visages connus des films de notre enfance. Nous étions fascinés, enchantés. Nous serions restés là des heures à l'écouter. Le téléphone a sonné. « C'est Montand », a-t-elle dit. C'était lui. Elle s'est mise à lui parler de nous, de S.O.S. Nous n'en revenions pas. Ce n'était pas du chiqué. Elle était simple, vraie. Une sacrée bonne femme, la Signoret.

Sa disparition, au début du mois d'octobre, nous a tous laissés un peu orphelins. Elle nous appelait « les gosses », s'inquiétait pour nous lorsqu'on allait la voir, de savoir à la fois si notre boulot marchait et si on n'avait pas faim. Elle était la maman et la bonne fée, toute d'intelligence et de générosité. Nous n'avons pas eu assez de temps pour en profiter. Elle nous manque déjà, sans cesse...

Ce soir-là on a été séduits. Non seulement elle a sans hésiter accepté d'entrer au comité de parrainage, mais elle nous a fait une proposition fantastique. « Je dois passer début février à l'émission de TF1 " 7 sur 7 " », nous dit-elle, et Anne Sinclair m'a demandé de choisir le sujet d'un des petits reportages qui passeront dans l'émission. Mon coup de cœur, en quelque sorte. J'hésitais encore. Si vous voulez, on le fera sur vous... » Si on voulait!... Un peu, oui. On l'aurait embrassée si on avait osé. Mais, plutôt qu'une banale présentation de S.O.S. – voir nos têtes à la télé ça n'était vraiment pas le problème –, on lui a suggéré de proposer à TF1 d'aller voir sur place, près de Dijon, dans un lycée, comment des lycéens vivaient cette campagne. C'était le bahut où S.O.S. avait reçu le plus d'adhésions. Ce qui fut fait dans la semaine.

En revanche, Simone Signoret n'a pas accepté, comme on le lui avait timidement suggéré, de porter notre badge au cours de l'émission. A cause de Montand et de Solidarnosc justement, pour ne pas faire « famille à badges »... Elle nous expliqua en outre que ce « bouton » – comme elle disait drôlement – n'était pas une affaire d'adultes mais de gosses. « Ce sont eux qui le porteront et qui forceront leurs parents à se mouiller aussi... » Elle avait raison, Simone. C'est très exactement ce qui s'est passé. Tant pis pour notre rêve... Mais la réalité était déjà formidable.

On a raconté tout ça à Bernard-Henri Lévy. S'il fut impressionné, il ne le montra pas. « C'est très bien », dit-il simplement. Et il nous proposa de nous revoir le dimanche soir après l'émission, pour « en gérer les retombées » et discuter de notre stratégie future. Il vint avec son inséparable Marek Halter. Celui-ci nous dit : « Vous avez réinventé une vieille formule biblique. " Touche pas à mon pote ", c'est " Aime ton prochain comme toi-même ". Vous êtes formidables », conclut-il, avec son accent inimitable.

Ils avaient trouvé le reportage très bien, mais il ne fallait pas, disaient-ils, croire que c'était gagné pour autant. Il devenait urgent de mettre sur pied un vrai plan de bataille. Il était tout prêt : « coups » médiatiques, conférences de presse, articles de tel ou tel journaliste dans tel ou tel journal... Nous étions un peu ébahis, mais après tout, pourquoi pas? Ils avaient l'air si sûrs que ça marcherait.

Première étape : préparer une nouvelle conférence de presse. « Encore! » avons-nous protesté. Oui, mais celle qu'ils nous promettaient n'aurait rien à voir avec nos précédentes tentatives. Il y aurait du monde! Pour la préparer, Bernard et Marek allaient envoyer des tribunes à différents journaux. Sur la nécessité de lutter contre la montée du racisme, et pour annoncer l'existence d'une nouvelle association qui, justement, etc. Ils s'engageaient aussi à convoquer personnellement les journalistes, français et étrangers et, surtout, les télés, y compris la japonaise, l'italienne, la luxembourgeoise... « Pour qu'une conférence de presse soit réussie, nous expliqua Marek, il faut un rang de photographes et un mur de caméras de télé. Moins les journalistes de presse écrite voient et entendent, plus ils sont sûrs d'assister à quelque chose d'important. » Nous avons donc décidé de préparer le « show » pour la mi-février.

S.O.S. RACISME
Bulletin hebdomadaire de l'Agence d'information
Mercredi 20 mai 1985

Vendredi 24 mai, un vieil homme sort de la mosquée de Clichy, vêtu d'un costume traditionnel. On n'agresse pas les chrétiens à la sortie des églises. Mais, sans doute, la tenue de ce croyant-là a-t-elle dû être jugée provocante par un couple passablement éméché, qui titubait par-là. Ils se précipitent sur lui et le rouent de coups. Après l'intervention de la police, le vieil homme est transporté à l'hôpital. On l'examine et, ne décelant rien de particulier, on le laisse repartir, ainsi que ses agresseurs. Deux jours plus tard, un autre médecin décèle une fracture de la mâchoire. Il y a donc bien coups et blessures volontaires. Mais les deux agresseurs ont disparu dans la nature, la police ayant omis de relever leur identité...

Et puis un deuxième petit miracle survint... Miracle est bien le mot. Au *Nouvel Observateur*, des journalistes avaient regardé le « 7 sur 7 » de Signoret. Ce qu'elle avait dit de nous et le reportage sur Dijon les avaient intéressés. Des papiers ont été mis en route. Au local, nous avons vu passer quelqu'un, mais nous étions tellement habitués à espérer et ne rien voir venir que nous n'y avions pas prêté attention. Et puis, le 12 février, on nous prévient :

non seulement il y a des articles, mais, en plus, la
« une » reproduit le badge, la main ouverte, et le
slogan « Touche pas à mon pote ». Par superstition,
nous avons attendu d'avoir le numéro du 15 février
en main pour déclencher l'opération. L'*Obs* sortait
le vendredi, nous avons convoqué la conférence de
presse pour le mardi suivant, et, cette fois-ci, carrément dans les beaux quartiers. A l'hôtel Lutétia. On
ne se refusait plus rien!

Nous avons mis au point le contenu du programme de S.O.S. pour les mois à venir, tel que
nous l'annoncerions le mardi 19 :

— Création d'une mini-agence de presse pour
diffuser les informations et enquêter, au besoin, sur
les actes racistes;
— Lancement d'un grand concert de l'antiracisme
avec les plus grandes vedettes françaises et étrangè-
res;
— Convocation des états-généraux de l'antiracisme
à une date encore indéterminée, à la suite du concert;
— Présentation de notre comité de parrainage
« étoffé », avec Coluche, Valérie Kaprisky, Pierre
Douglas, Arielle Dombasle, Marek Halter, Luce Per-
rot, Macha Meryl, Georges Moustaki, Christian
Delorme, etc.

Le jour venu, nous avions un trac phénoménal.
Est-ce que cette fois, enfin, ça allait décoller? Lorsque je suis arrivé dans la salle du Lutétia, je suis
resté pétrifié sur place. La conférence de presse

« réussie » telle que nous l'avait décrite Marek Halter, je la voyais de mes propres yeux. Le mur de flashes, de caméras, les rangées serrées de journalistes, c'était comme à la télé. Pendant une minute, j'ai paniqué un peu. J'avais l'impression que tout cela avait été monté de façon si artificielle. Nous, nous étions les mêmes que quatre mois plus tôt. Nous « vendions » la même chose. Il avait suffi que quelques « gloires » nous donnent un coup de pouce pour sortir de l'ombre. C'était ce que nous avions prévu. Et pourtant nous étions, au fond, sans le reconnaître, sidérés que ça ait marché.

Et, à partir de là, ça a marché. Touchons du bois, ça marche toujours. Nos « parrains » ont accepté de s'éloigner des sunlights pour aller dans les lycées ou les villes de province animer des réunions. Nos ventes de badges ont tellement grimpé que, trois jours après le Lutétia, nous étions en rupture de stock et qu'il a fallu prendre un deuxième fabricant. Nous avons pu commencer à espérer rembourser nos dettes. Nos communiqués de presse passaient. Les militants affluaient.

Les retombées sur le terrain furent extraordinaires. Tous ceux qui avaient commencé à monter des associations locales de S.O.S. reprenaient confiance. Le mouvement devenait crédible. De bahut en bahut, de cité en cité, les comités faisaient tache d'huile. Nous recevions des lettres et des coups de

téléphone de partout. Des gens, qui créaient spontanément des « comités S.O.S. Racisme », exigeaient
des badges ou un parrain pour tenir une réunion
publique... Cette force nouvelle autorisait toutes les
audaces.

A Bordeaux, Abdou Chaoui, un étudiant marocain
qui avait décidé de monter un comité après nous
avoir rencontrés à la manif du 1er décembre 1984,
se retrouvait à la tête d'une fédération de dizaines de
comités répartis dans toute l'Aquitaine. Il décida de
lancer une campagne de solidarité avec les jeunes
harkis du camp de Bias. Ce camp « provisoire »,
situé à quelque cent cinquante kilomètres de Bordeaux, à Villeneuve-sur-Lot, était implanté là depuis
la dernière guerre. Il avait autrefois abrité des
réfugiés espagnols. A la fin de la guerre d'Algérie on
y avait parqué des familles de harkis, Algériens
engagés dans l'Armée française, qui ne pouvaient
rester dans leur pays devenu indépendant. De 1963 à
1975, des centaines de personnes vécurent dans ces
baraquements sinistres entourés de barbelés, sous la
direction d'un chef de camp qui décidait de l'extinc-
tion des feux et de la discipline. La coupure avec la
population du village voisin était quasi totale, les
harkis étant considérés comme des gens étranges,
menaçants. Ils travaillaient généralement sur place
dans des ateliers installés à l'intérieur du camp.

La municipalité ne s'occupait d'eux qu'au moment des élections. A plusieurs reprises ces conditions de vie inhumaines, la fermeture d'ateliers en
faillite ou des violences racistes au village avaient

provoqué des révoltes. Un jour, le maire adjoint avait même été pris en otage... En janvier 1985, des incidents du même ordre y avaient éclaté. La presse locale ne s'y intéressait que vaguement.

Pour Abdou, le temps de la guerre d'Algérie était fini, les jeunes Arabes, comme tous les antiracistes de la région, devaient aller à la rencontre des harkis, les aider à rompre leur isolement. Les contacts qu'il eut alors avec les jeunes les plus actifs du camp, furent plutôt difficiles au début. Les harkis avaient tellement pris l'habitude d'être rejetés par tous, y compris par certains immigrés pour qui ils demeureront toujours des traîtres, qu'ils suspectaient la démarche d'Abdou. Mais son insistance amicale et la proposition d'organiser une journée porte ouverte sur le camp pour faire connaître leur situation à la presse et rencontrer d'autres jeunes finirent par emporter leur adhésion. Abdou réussit à remplir un car de Bordelais, tandis que des dizaines de personnes se rendaient en voiture à Bias à la rencontre de cet inframonde, maintenu depuis vingt ans en marge de la réalité. Un grand méchoui et une fête musicale suivirent la « visite guidée » du camp et une conférence de presse émouvante. Tous les problèmes de la vie quotidienne n'allaient pas disparaître par enchantement, certes, mais, pour nombre de ces jeunes fils de harkis, un miracle s'était produit : ils pouvaient enfin rejoindre ceux de leur génération en surmontant les séquelles de la guerre et les vieilles haines de leurs parents. Ils pouvaient parler, rire, aimer, danser avec d'autres jeunes, immigrés ou non...

Ailleurs, des comités se créaient tous les jours, générés par la multiplication des affaires à caractère raciste. A Arles, c'était un café où l'on refusait de servir les Arabes. Au Havre, ce fut l'affaire Saïd Zanati. Ce travailleur marocain d'une quarantaine d'années ne connaissait pas les quatre jeunes gens qui se promenaient dans les rues sombres de la ville, cette nuit-là. Eux non plus ne connaissaient pas Saïd Zanati. Mais ce n'était pas nécessaire. Il leur suffisait de comprendre, à sa silhouette et ses cheveux frisés, que Saïd Zanati ne s'appelait pas Dupont. Quelques heures auparavant, dans l'après-midi, ils avaient décidé de se « payer un arabe », de « commencer le nettoyage de la ville », comme ils l'avouèrent plus tard à la police.

Pourquoi? Avaient-ils une raison personnelle directe d'en vouloir à un Arabe ou aux Arabes du Havre? Non. Ils habitaient à quelques kilomètres de là, à Notre-Dame-de-Gravenchon, et n'en voulaient à personne en particulier, mais à tous les Arabes en général. Toujours est-il que, cet après-midi-là, ils avaient été chercher l'un une laisse de chien en chaîne d'acier, l'autre un canif, le troisième une petite barre de fer... Le quatrième les avait suivis les mains dans les poches. Ils avaient alors arpenté les rues du Havre à la recherche d'une cible à leur convenance. Le premier Maghrébin aperçu, comme ils le racontèrent à la police, leur sembla trop grand. Le second était accompagné d'une femme qui risquait de crier. Le troisième s'appelait Saïd Zanati, mais ça ils ne le savaient pas, et d'ailleurs ça n'avait pas d'importance. Saïd Zanati resta quelques jours dans le coma et plusieurs semaines à l'hôpital, avec un traumatisme crânien, un bras et des côtes cassés. La cuisse déchirée.

Pourquoi? C'est pour tenter de répondre à cette question que des lycéens du Havre nous contactèrent pour organiser une journée ville ouverte contre le racisme. Pourquoi quatre jeunes comme nous, de moins de dix-huit ans, en sont-ils arrivés là? Sans que l'on s'aperçoive de rien, sans que l'on voie ou que l'on attache d'importance au lent processus qui amène un esprit sain à assimiler, un jour, comme normal, acceptable, l'idée de tuer quelqu'un parce qu'il est... noir? Arabe? Ou tout simplement différent?

Hervé et Jean-Pierre, du bureau de S.O.S. à Paris, acceptèrent d'aller sur place pour aider les lycéens. Ils comptaient rentrer le lendemain. Ils restèrent dix jours, tant la tâche s'avéra difficile et l'enjeu important. A cause aussi du peu d'aide de la municipalité communiste qui ne voulut nous accorder qu'une salle à la périphérie de la ville. Des tracts avaient été tirés sur place, avec l'aide d'un syndicat. Des dizaines de lycéens les avaient distribués dans leurs lycées et avaient demandé aux enseignants de faire l'annonce, pour le 7 mars, de la journée ville ouverte. Certains avaient même organisé des débats. Le badge fleurissait sur des centaines de poitrines dans la ville. Des comités « Stop racisme » se montaient dans tous les lycées. Des jeunes rendirent visite à Saïd Zanati à l'hôpital.

Le 7 mars, plus de mille cinq cents lycéens se retrouvaient dans la salle des fêtes du quartier excentré qui nous avait été allouée pour assister à la projection du film *Dupont-Lajoie*, d'Yves Boisset, participer à un débat et à un concert multicolore donné par de jeunes groupes rock et kabyle de la région.

Bernard-Henri Lévy avait accepté de venir. Il avait réussi à convaincre Guy Konopnicki, ainsi qu'un juif d'U.R.S.S. réfugié en France, de l'accompagner. Ivan Levaï devait conduire les débats. Karim Allaoui, l'acteur principal du film de Roger Hanin, *Train d'enfer*, avait, lui aussi, fait le voyage. Pour tous, il représentait un symbole : le petit beur de banlieue, devenu pilote d'avion puis acteur de cinéma. Il fut littéralement assailli de demandes d'autographes. La discussion fut très riche, même si l'on n'eut pas la possibilité d'aller au fond de chaque problème. Les jeunes, ceux de la salle comme ceux de la tribune, interpellaient les « personnalités » : sur le rôle des intellectuels, celui de la presse, celui de la mairie, qui était représentée. On parla des problèmes des quartiers, des écoles, du chômage, de la difficulté à communiquer dans telle cité, de la bonne ambiance dans tel autre lycée. On avait parfois des reproches à se faire, mais au moins on parlait ensemble, et on était d'accord pour rester vigilants afin de faire reculer le racisme.

Le lendemain matin, Ivan Levaï raconta la soirée dans son « billet » sur Europe n° 1, tandis que Bernard-Henri Lévy et moi-même étions interviewés sur France-Inter. Ainsi, le message d'espoir des lycéens du Havre, leur riposte par le dialogue et la fête à la haine raciste étaient connus de toute la France. Nous lancions avec eux notre appel pour qu'il n'y ait plus d'affaire Saïd Zanati, pour dresser contre le racisme la grande chaîne de solidarité et d'amitié des porteurs du badge.

S.O.S. RACISME
Bulletin hebdomadaire de l'Agence d'information
Mercredi 29 mai 1985

Samedi 18 mai, Serge Flaud a tué. Froidement, lâchement, il a abattu à coups de fusil Abderamane Chagoufi, trente-deux ans, père de deux enfants. « Comme un lapin, il l'a tiré comme un lapin », dira Mustapha Naïd, son cousin, témoin du drame. Le patron du bar *La Californie*, à Avignon, est un violent. Il a déjà été condamné à dix mois de prison pour avoir tiré sur l'amant de sa femme.

Bien plus qu'une réaction de colère contre un client irascible, le meurtre sent la haine raciste, la volonté délirante de se « faire un Arabe ». En effet, deux semaines avant le drame, le patron montre trois balles au beau-frère d'Abderamane : « Ça, ça sera pour un Arabe... »

V

Aziz, de Menton

Le samedi 23 mars s'annonçait, pour moi, comme une journée contre la montre. Le matin, je devais participer à un colloque organisé à Paris par Espaces 89 sur le thème – ô combien d'actualité – de l'identité française. Et, l'après-midi, je devais me retrouver à Vénissieux pour un mariage au goût de résurrection : celui de Toumi Djaidja, que je ne voulais manquer pour rien au monde. Tout reposait sur mes capacités de sprinter – moi qui ai gardé de mes racines antillaises une certaine prédisposition à la nonchalance – puisque je devais attraper impérativement le T.G.V. à la gare de Lyon à 12 h 10, alors que mon intervention au colloque était prévue pour onze heures!

Déjà, le matin, le réveil fut difficile. Après une dure semaine et, la veille au soir, une réunion qui avait duré plus que prévu avec les jeunes du M.R.G., je commençais à accuser le coup. Je ne me plaignais pas. S.O.S. commençait à intéresser beaucoup de monde depuis notre dernière conférence de presse. Aussi les invitations à participer à des colloques, des débats ou des réunions d'information nous mobilisaient tous. Et moi le premier, car il était très difficile de faire admettre aux journalistes ou aux personnes de tous ordres nous invitant que le président de S.O.S. n'était qu'un parmi d'autres, et que nous étions tous interchangeables. D'autant plus qu'une semaine auparavant, j'avais enfin mis au point avec Yannick Samzun, rédacteur en chef d'une revue de jeunes de Bruxelles, la création d'un S.O.S. Racisme-Belgique. Nous avions alors tenu conjointement notre première conférence de presse hors de l'Hexagone. Et, depuis, la presse étrangère commençait aussi à s'intéresser à nous.

Les petits bureaux de la rue Martel étaient rapidement devenus trop petits et surtout trop bruyants. Du coup, nous avions squatté sans complexe les cafés des environs, où les journalistes installaient leurs micros, sous l'œil ébahi des adeptes du café arrosé. Seules les équipes de télé campaient ferme au local, poussant tout le monde dehors et faisant fuir les plus obstinés, avec la chaleur de four que dégageaient leurs sunlights. Parfois, l'un ou l'autre d'entre nous était invité à participer à un journal télévisé ou à une émission. Moi-même, je venais d'accepter un face à face avec Jean-Pierre Stirbois, du Front national. C'est la seule fois où j'ai reconnu, après coup, l'inutilité du débat avec ce genre de buté cynique.

Comme chaque semaine, je m'étais également rendu en province où j'allais régulièrement porter sur les fonts baptismaux une nouvelle association locale de S.O.S. Cette fois-là, c'était Marseille où, en fait de conférence de presse intime, je me retrouvais devant une salle bondée. Trois à quatre cents jeunes étaient descendus des quartiers de H.L.M. parquées sur les hauteurs de la ville. Le débat avait été passionné et passionnant. Meeting encore, cette même semaine, à l'université de Villetaneuse, auquel m'avaient accompagné Gérard Mélion, l'un des frères de Lucien, et Christian Delorme.

Donc, ce samedi matin, j'étais un peu dans le brouillard en me rendant à la maison de la Chimie où avait lieu le colloque d'Espaces 89. A la radio, juste avant de partir, j'avais entendu un flash d'information dont le souvenir me trottait dans la tête. « Crime raciste à Menton. Deux individus ont abattu à coups de fusil un Arabe de vingt-sept ans, Aziz Madak, après une altercation à propos d'une jeune femme. Les événements remontent au 21 mars... » 21 mars, quel symbole, me fit remarquer Marianne. C'était la journée internationale contre le racisme. Je n'avais pas le temps d'appeler les copains au local. J'étais en retard au colloque et, dès mon arrivée, je fus installé *manu militari* à la place qui m'était réservée sur l'estrade. Impossible de bouger. Je dois reconnaître que je n'écoutais guère les orateurs. Trois choses me préoccupaient. Comment en savoir plus sur Menton? Xavier, le jeune lycéen, qui devait m'apporter avant onze heures les cinq mille badges que j'avais promis à Delorme, arriverait-il à temps? Et moi-même, n'allais-je pas rater mon train?

A 11 h 40, je pris la parole. Au fond de la salle,

Marianne me faisait des signes désespérés. Xavier avait apporté les badges mais il ne me restait que sept minutes si je voulais attraper le T.G.V. J'ai fait l'intervention la plus courte de la journée. Je ne me souviens plus très bien de ce que j'ai raconté, mais je sais que j'ai terminé sur Menton. Décidément cette affaire était étrange. Pourquoi avait-on mis trois jours à apprendre l'histoire?

J'ai eu mon train. Mais nous sommes arrivés à la mairie de Vénissieux deux minutes après le « oui » de Toumi et Malika. Ensuite, la fête a repris ses droits. Toutes les Minguettes étaient là. Nous avons chanté, dansé, fait de la musique. La vie avait fini par arracher Toumi à l'engrenage du malheur.

De retour à Paris vers vingt-deux heures, je trouvais des quantités de messages angoissés enregistrés sur le répondeur téléphonique. Menton, Menton... Le nom revenait comme une litanie. J'appelle le local et je tombe sur Julien.

« Qu'est-ce qui se passe, Juju?...

— Un vrai crime raciste, cent pour cent. Confirmé par l'A.F.P. Deux abrutis, qui n'ont pas supporté de voir deux Arabes et un Noir discuter avec une Blanche. Ils sont allés chercher un fusil et ont tiré dans le tas. Aziz Madak, un Marocain, y est resté. Son copain antillais a été blessé, il est à l'hosto. Le troisième a couru en zigzag, il s'en est tiré. »

Juju me raconte comment il a appris les détails. Il avait, le matin, lu un entrefilet peu explicite en dernière page de Libé. Au local, personne ne semblait au courant. Puis, en début d'après-midi, une fille avait appelé de Menton.

« Bonjour. Je m'appelle Odile. Je vous ai commandé des badges pour monter un comité...

– T'inquiète pas pour le retard. On a été en rupture de stock, mais on va te les envoyer bientôt.

– Non, je n'appelle pas pour ça. D'ailleurs, je les ai reçus. En fait, je vous appelle à propos d'un crime raciste qui a été commis ici, à Menton. La police et la presse essaient de faire passer ça pour une simple altercation à propos d'une fille. C'est faux. Nous avons fait notre propre enquête. Francis Piovano, l'assassin, c'est un type d'extrême-droite. Son complice, Podlowski, dit être adhérent du Front national. De toute façon, avec le climat ici, ça devait bien arriver... Qu'est-ce qu'on va faire? »

Juju a pris les coordonnées d'Odile et lui a dit qu'on allait reprendre contact avec elle.

Au même moment se tenait rue Martel la coordination des comités lycéens « Stop racisme ». Près de quatre-vingts jeunes, venus de Paris et de banlieue, avaient envahi le local trop étroit. Ce jour-là, Pierre était chargé de canaliser les questions. Comment monter un comité lorsque l'administrateur du lycée s'y oppose? Faire un club socio-éducatif « Stop racisme ». Comment organiser une réunion qui ne soit pas barbante? Fatihra explique qu'à Voltaire, la veille, son comité a projeté le film d'Yves Boisset, *Dupont-Lajoie*, et que le débat a été animé par Brigitte Fossey. D'autres racontent qu'ils ont fait un sondage sur le racisme dans le lycée, et monté un débat autour des résultats. L'enthousiasme déborde.

Chacun y va de sa proposition, de son idée géniale.

Débarquent alors Julien, Rocky et Serge. Ils racontent aux gosses ce qu'ils viennent d'apprendre, confirmé par l'A.F.P. Aziz Madak et ses deux potes discutaient avec une amie devant un bar de Menton. Deux types en sortent, s'approchent et demandent à la fille si tout va bien. « Pas de problème », répond-elle, étonnée. Les deux hommes insistent et menacent les « melons » de leur casser la gueule s'ils ne se tirent pas. Madak et ses deux amis s'en vont. Mais Piovano et Podolski sont déçus. Ils s'arment et partent à moto, dans les rues de la ville, à la recherche de leurs victimes. Menton c'est petit. Ils finissent par les retrouver. Piovano tire. Aziz tombe. Son copain antillais est gravement blessé. Le troisième arrive à s'enfuir. Identifiés par la jeune femme, les assassins sont arrêtés très vite. Ils ont déclaré avoir voulu secourir une Blanche importunée par des Arabes.

Le silence est brutalement tombé. « Qu'est-ce qu'on va faire? » dit une petite voix. Un communiqué, une manif, les protestations habituelles ne peuvent suffire. Là-dessus, tout le monde est d'accord. On a tué un de nos potes. Ça ne va pas se passer comme ça. Il faut que partout en France des gens se lèvent et disent non, ça suffit. « Une minute de silence », lance Julien. C'est risqué. Mais c'est une bonne idée.

– « Quand?

– Mardi prochain, puisqu'une manif est prévue ce jour-là à Menton. »

Mais pour Benjamin Zeitoun, collégien à Maisons-Alfort, ce n'est pas suffisant. Mardi, c'est trop loin. Il faut faire quelque chose tout de suite. Hakim, treize ans, en cinquième au lycée Bergson, opine : « Il faut aller dans les rues. Maintenant. Alerter l'opinion.

— On n'a qu'à faire des bombages sauvages sur les murs, lance Benjamin. Et prévenir la télé. »

Malik a déjà sauté sur le téléphone. Il appelle TF1. Il a du mal, mais il finit par convaincre son interlocuteur que ça vaut la peine de se déplacer. Un quart d'heure plus tard, des petits groupes s'en vont, affiches, colle, badges et bombes de peinture sous le bras.

Le reportage est passé au journal de vingt heures. Les gosses ont dit ce qu'ils avaient à dire et appelé à observer une minute de silence le mardi suivant.

Nous sommes samedi soir. Il est près de vingt-trois heures et Juju, essoufflé, s'arrête de parler. « Voilà, vieux. La machine est en route. T'aurais eu une meilleure idée, toi? »

Non, je n'en aurais pas eu. Mais il faut que ça marche, et ce ne sera pas facile.

Le lendemain matin, dimanche, je me précipite au local. Albert m'accueille sur le pas de la porte du 19 rue Martel. Albert, dit Bébert, c'est un drôle de type. Ancien militaire, mijoteur de bons petits plats, qui n'a pas vu d'un très bon œil notre installation dans « son » immeuble. Lui, les « bicots » et les « youpins », il ne les a jamais portés dans son cœur. Et pourtant, un matin, Bébert est venu prendre sa carte d'adhérent et nous a glissé cinquante francs,

S.O.S. RACISME
Bulletin hebdomadaire de l'Agence d'information
Mardi 23 avril 1985

Lycée Montaigne. Samedi 12 h 15. Sortie des classes. A droite, le jardin du Luxembourg; à gauche, la faculté d'Assas, de triste réputation.

« Le jour du meeting S.O.S. Racisme à Assas (28 mars), les gens du G.U.D. sont venus à huit heures du matin devant le lycée et ont arraché les badges des élèves qui sortaient », raconte un élève de terminale.

Les vacances sont passées là-dessus. « Beaucoup de gens ont enlevé le badge à la rentrée », affirme une autre élève de terminale qui arbore le sien, pouce cassé. Pas de raison à cela. Lassitude ou peur. « Souvent, le samedi, une quinzaine de skins attendent au coin de la rue d'Assas. Ils guettent les personnes isolées et leur demandent leur badge. Si tu refuses, ils l'arrachent », explique un lycéen également de terminale.

Le samedi, un petit groupe de membres du Front national distribue des tracts près du lycée Montaigne. Ce samedi ils ne sont pas venus. Lassitude, peut-être?

« pour votre association, les mômes ». Depuis, Bébert fait partie de notre vie. Ce matin-là, il m'accueille le doigt frappant sa tempe : « Ils sont tous cinglés là-haut. » Là-haut, c'est la foule. Des lycéens sont venus aux nouvelles. Rocky tourne comme un lion en cage. C'est dimanche. Peu de journalistes sont là. Les imprimeries sont fermées : pas d'affiches, pas de tracts. Malik, lui, triomphe : il m'a décroché une interview à *Libé.* Dans le métro je n'en mène pas large. Les journalistes qui m'accueillent sont dubitatifs. A l'évidence, ils nous ont classés au rayon « bons sentiments ». J'essaie de leur vendre ma salade du mieux que je peux. Et je rentre dare-dare rue Martel. Les copains sont en train de tirer le tract, fait à la main, à la photocopieuse. Chacun s'en va, son paquet à bout de bras, pour les distribuer le lendemain matin, à 8 h 30, à l'entrée des lycées et collèges.

Lundi matin, Rocky est à la porte du lycée Voltaire où il a rendez-vous avec Fatihra, treize ans, élève de cinquième et animatrice du comité qu'elle vient d'y créer. Les tracts sont distribués en quelques minutes. Fatihra prend alors son courage à deux mains et, la poitrine couverte de badges, demande l'autorisation de passer dans toutes les classes. Inlassablement, gravement, elle explique Menton. La folie raciste. La nécessité de ne pas laisser passer ce crime sans réagir. La minute de silence proposée par S.O.S. pour le lendemain. Les gosses marchent sans hésiter. Les badges s'arrachent. Des affichettes manuscrites sont rédigées. Des discussions s'engagent avec les profs. Rentré rue Martel, Rocky me raconte tout ça. C'est entendu. J'irai à Voltaire demain.

Onze heures. Conférence de presse. La foule des grands jours. J'explique l'initiative du lendemain. Surprise. Dans la salle un homme se lève, se présente : mandaté par le P.C., il annonce que son organisation soutient S.O.S. Racisme dans cette entreprise et appelle, à son tour, à une minute de silence partout en France. Son intervention se faisant un peu longue, je le remercie en lui faisant remarquer que c'est une conférence de presse de S.O.S. Racisme et non un meeting politique.

Quatorze heures. Téléphone. Coluche nous offre un coup de main. Je lui propose d'aller discuter dans un lycée demain, à propos du crime de Menton. Il accepte. Il ira avec Juju dans un collège du XXe arrondissement, puis à Henri-IV. Après lui, c'est Bernard-Henri Lévy qui accepte d'aller à Paul-Valéry. Daniel Gélin à Chaptal. Costa-Gavras à Voltaire, avec moi. Richard Berry à La Fontaine.

Dix-huit heures. Pierre appelle de Menton. Les choses se débloquent doucement. Il y aura des A.G. dans les deux lycées. La ville est couverte d'affichettes, de dessins, de slogans. Le premier adjoint au maire R.P.R. l'a reçu : il condamne le crime et propose d'aider financièrement la compagne d'Aziz. Mais celle-ci refusera, dignement, et quittera cette ville où désormais elle étouffe.

Dix-neuf heures. Réunion rue Martel. Juju, Rocky, Malik, Claire, Thaima, Marianne, Hervé, Diégo, Bernard, Francis, Schéhérazade. Petite France multicolore. A travers la fumée des cigarettes on ne s'aperçoit plus. Le téléphone n'arrête pas de sonner. On ne s'entend plus penser. Et soudain Thaima trouve la faille de notre plan : on ne rentre pas comme ça dans un lycée, il faut une autorisation du proviseur. Tout le monde saisit un téléphone.

A Voltaire, je me heurte à un refus sans appel.

Cette publicité intempestive faite à son lycée effarouche le proviseur. C'est non. Nous sommes effondrés. Partout c'est la même réponse. Julien feuillette fébrilement son carnet... Rozenblat Marc. Voilà. Il appelle le président de l'UNEF-ID, un vieux copain à nous. Un quart d'heure plus tard celui-ci débarque annulant un dîner pour venir nous aider. Deux heures à s'escrimer au téléphone. Pas en vain. Il décroche l'autorisation du rectorat contre la promesse de respecter les heures de cours.

Vingt-trois heures. Recatastrophe. Une journaliste de *Libé* nous appelle. L'A.F.P. vient de diffuser le casier judiciaire d'Aziz Madak. Étrange, puisqu'il s'agit de condamnations pour lesquelles il a déjà payé et qui, amnistiées depuis, sont devenues incommunicables. Certains – qui? – ont jugé utile de tourner la loi pour informer, ou désinformer, la presse. D'ailleurs, *le Figaro* du lendemain en fera ses choux gras, rejetant l'hypothèse du crime raciste pour accréditer celle du règlement de compte entre gens du milieu. Un peu plus tard, Me Francis Terquem, avocat de la famille Madak, fera condamner le journal d'Hersant, qui devra verser des dommages et intérêts à celle-ci.

En attendant, que faire? Coup de fil à Menton. Pierre nous confirme que les assassins ne connaissaient pas leurs victimes. Piovano a d'ailleurs avoué aux policiers qu'ils avaient « décidé cette action parce que nous n'aimons pas les Arabes ». Son complice, Podolski, déclarera quant à lui : « Je suis raciste, mais pas spécialement envers les Nord-

Africains. J'ai adhéré récemment au Front national de Jean-Marie Le Pen, mais je ne suis pas un fervent militant. »

Mardi matin, dans le métro bondé qui me conduit à Voltaire, j'ai un trac pas possible. En haut des marches de la station, je suis happé par un groupe de lycéens qui me glissent un tract dans les mains et entreprennent de me vendre un badge avant de me reconnaître. Tout au long du boulevard, les gamins discutent avec les passants. En général, l'accueil est plutôt favorable.

Fatihra, que je retrouve à l'entrée du bahut, m'entraîne tout de suite à l'intérieur pour une ultime négociation avec le proviseur. Elle se charge d'accueillir Daniel Gélin et Costa-Gavras s'ils arrivent pendant ce temps-là.

Le proviseur finit par accepter le principe d'un débat durant la récréation, avec les parrains de S.O.S., dans la salle de cinéma, pour les élèves qui le souhaitent. Les autres iront en cours normalement et s'arrangeront avec leurs enseignants pour la minute de silence. Lorsque retentit la cloche, c'est la ruée vers la salle où nous attendons. Le proviseur panique parce qu'elle n'est prévue que pour deux cent cinquante personnes, et ce sont près de cinq cents jeunes qui veulent participer au débat.

Finalement, nous décidons de tenir deux débats. L'un dans la salle de cinéma, animé par Costa-Gavras et moi. L'autre dans la cour, organisé par Hélène et Frédérique, deux militantes de l'association qui nous ont rejoints.

Les discussions sont allées bon train. Les élèves défilant au micro pour crier leur dégoût du racisme et raconter des faits dont ils avaient pu être témoins. Dans le feu de l'action, certains interpellent le proviseur, réclamant que les élèves ayant choisi l'arabe ou l'hébreu en première langue ne soient pas regroupés dans une même classe. Pour de simples commodités d'horaires cela revenait, en effet, à isoler purement et simplement les juifs et les Arabes de l'établissement. A l'heure dite pour la reprise des cours, je me lève et demande à chacun d'observer une minute de silence en mémoire d'Aziz et de toutes les victimes du racisme.

Ce fut une vraie minute, de soixante secondes, lourde d'émotion, qui fut observée partout en France, dans des centaines d'établissements d'enseignement et d'entreprises. Dans certaines villes, les lycéens prirent même la tête de cortèges dans les rues. A Maisons-Alfort, un collégien de quatorze ans, Benjamin Zeitoun, fut menacé d'expulsion pour avoir passé la journée de lundi déguisé en homme-sandwich avec des affiches de « Touche pas à mon pote ». Mardi, pour s'en sortir, il avait appelé tout le collège à manifester dans la rue et s'était même fait recevoir par le maire pour lui demander de soutenir cette journée contre le racisme. Celui-ci l'avait assuré de sa sympathie, mais n'avait pu s'empêcher d'ajouter quelques considérations sur les étrangers, que Benjamin, scandalisé, était venu nous rapporter :

« Quand même, ils le cherchent...

– Non, ils ne le cherchent pas, avait tenté le gamin.

– Si, ils le cherchent, avait insisté le maire.

– Mais non, ils ne le cherchent pas.

– Mais si, ils le cherchent, quand même », avait hurlé, excédé, l'édile cramoisi.

Se souvenant brusquement qu'il avait besoin d'un petit mot du maire attestant qu'il avait manqué ses cours parce qu'il était dans son bureau, Benjamin avait soupiré : « Oui, en fait, ils le cherchent, un peu. Au fait, monsieur le Maire, vous pouvez me faire un petit mot pour... »

Benjamin n'obtint pas son mot d'excuse mais épata quand même sa mère qui, en tant que militante du M.R.A.P., demandait en vain, depuis dix ans, à être reçue par le maire de sa ville.

A Lyon, Christian Delorme réussit à faire respecter la minute de silence dans un grand magasin du centre ville, tandis qu'au même moment, au Collège de France, la mère de Marianne faisait de même, dans son laboratoire de biologie, avec ses trois collègues...

L'après-midi, Julien et moi sautons dans un avion pour participer à la manifestation de Menton, organisée sur les lieux du crime. Dans l'Airbus, nous retrouvons une équipe de TF1 allant filmer l'événement. La journaliste veut saisir l'occasion pour réaliser un portrait de moi en deux minutes. Et, comme elle vient de découvrir, au fond de l'avion, l'écrivain Max Gallo, ex-député de Nice et ex-porte-parole du gouvernement, qui se rend lui aussi à la manif, elle nous présente et nous propose de nous filmer, descendant ensemble de la passerelle de l'avion. Idée géniale! De là à comprendre que Max Gallo m'avait emporté dans ses bagages, il n'y avait qu'un pas, et je refuse donc poliment sa proposition. Mais la journaliste s'accroche ferme à son idée. Le ton monte et nous frisons carrément l'engueulade après un quart d'heure de polémique sur le thème des relations entre médias et S.O.S. Elle nous affirme que nous avons besoin de la télé, et que nous devons apprendre à faciliter les choses aux journalistes, au besoin en leur renvoyant l'ascenseur. Eternel débat...

Elle faisait son travail, je ne lui en ai pas voulu. Mais ma petite expérience m'avait déjà appris à me méfier de la télé, grande fabrique de sensationnel à tout prix. Par la suite, certains journalistes n'hésitèrent pas à nous proposer de filmer de fausses agressions racistes dans le métro, avec sang et tout et tout...

Arrivés à Nice, il nous a fallu à nouveau rejeter une autre proposition tout aussi sympathique et bien intentionnée. Un conseiller du ministère des Affaires sociales, qui accompagnait Max Gallo, nous offrit en effet de monter dans sa voiture officielle, afin de nous rendre ensuite sur les lieux de la manif. A l'évidence, il fut un peu vexé de notre refus.

La manif rassembla près de cinq mille personnes, ce qui ne s'était jamais vu dans cette petite ville. Il y eut quelques tiraillements avec des militants politiques qui voulaient imposer leur banderole en tête.

Mais, surtout, l'émotion fut intense lorsque nous nous arrêtâmes devant le café où Aziz s'était fait tirer comme un lapin. Le soir, nous tenions un petit meeting dans une salle prêtée par la ville. Malheureusement aucun représentant de la municipalité n'avait jugé nécessaire d'être présent. Max Gallo, lui, vint y dire quelques mots. Patrick, un cafetier de Menton, proposa que son bar serve provisoirement de local au comité « Stop racisme », malgré les risques de représailles qu'il savait courir, et un jeune lycéen évoqua l'extension du mouvement antiraciste chez les jeunes.

Le lendemain avant de rentrer à Paris, je rendis visite à Jean-Luc Louis-Jean, le jeune Antillais qui avait reçu trois balles dans la jambe. Il me raconta son amitié récente avec Aziz, « un type bien, disait-il, un copain sûr et honnête ». Il ne comprenait pas ce qui leur était arrivé. Comment peut-on haïr à ce point, à cause de la couleur de leur peau, des gens qu'on ne connaît pas? Rien ne pouvait calmer l'angoisse de Jean-Luc. Mais il était très surpris de la solidarité qui s'était exprimée aussi vite, aussi fort. Je lui promis de donner de ses nouvelles à son père, resté en Martinique, où je devais me rendre la semaine suivante.

En sortant de l'hôpital, j'ai éprouvé le besoin d'aller marcher. Pour m'aérer un peu l'esprit. Je me sentais désemparé. Bien sûr, nous avions fait ce que nous pouvions. Tracts, manifs, même la minute de silence, tout cela me semblait dérisoire face à cette folie meurtrière qui ne désarmait pas.

Trouverai-je encore les mots pour retenir ceux qui, révoltés, réclament simplement vengeance selon la vieille loi du talion? Ce garçon-là, traumatisé, sur son lit d'hôpital, il était content bien sûr des marques de sympathie venues de la France entière. Mais rien ne lui ferait oublier ce drame et rien n'effacerait le meurtre d'Aziz. Mort pour rien. Est-ce que tout cela valait vraiment la peine, si nous ne pouvions même pas rendre impossible de nouveaux crimes? L'envie de tout laisser tomber montait, irrépressible. L'envie de régler tous ces comptes à la manière des racistes, par le sang, les coups, les insultes...

Cette tentation, toujours surmontée, jamais oubliée, ce sont les mères de gosses assassinés qui m'ont fait comprendre qu'elle ne menait à rien. Pour la mère de Lucien Mélion, comme pour celles qui ont, par la suite, fondé l'Association des mères de famille victimes de crimes racistes et sécuritaires, l'important était que la vérité soit dite. Que le souvenir de leurs enfants demeure, afin que les générations nouvelles rendent ce type de crime impossible. « Faire qu'ils ne soient pas morts en vain », me diront-elles plus tard. « Que leur mort préserve la vie d'autres innocents. » C'était cela le sens de notre combat.

Pour la première fois, un réveil formidable se manifestait dans le pays. Chez les plus jeunes surtout. Les trois cent mille porteurs de notre badge avaient démontré qu'il ne s'agissait pas seulement, pour eux, d'arborer un gadget à la mode. Ils avaient répondu présent à l'appel.

Dès le lendemain, appels et lettres ne cessaient d'affluer 19 rue Martel. Face à la France, frileuse et égoïste chantée par Le Pen, il existait une France de l'espoir.

S.O.S. RACISME
Bulletin hebdomadaire de l'Agence d'information
Vendredi 26 juillet.

... Samedi 13 juillet, en début d'après-midi, un habitant des H.L.M. de la rue Arthur-Ladwig sort une arme à feu et tire, depuis la fenêtre, sur des enfants qui faisaient éclater des pétards. Quelques minutes plus tard, la police de Levallois intervient sur les lieux. Les policiers font une inspection dans le quartier et demandent aux enfants d'aller jouer plus loin. Aucune action n'est entreprise contre le tireur.

Etonnés de cette passivité, quelques jeunes du quartier apostrophent les policiers qui rejoignent leur car, demandant que le tireur soit au moins désarmé. La réponse des agents les laisse pantois : « On le laisse, en voilà un qui va faire le ménage dans le quartier. » (...)

VI

Nourredine, de Miramas

De retour à Paris, une série d'interviews, d'émissions de télé et de radio, ainsi que de meetings prévus de longue date, m'attendait. Je m'y étais résigné d'avance, malgré le besoin urgent que je ressentais de marquer une pause et de faire le point. En moins de trois jours je dus enchaîner, dans la foulée, les « Numéro un de demain » sur Europe n° 1, « C'est à lire », sur TF 1, une émission sur Radio-Communauté et une sur Tropic FM, « Contact », de Jacques Pradel sur France-Inter, un entretien avec le *Corriere della Serra*, et un meeting à la faculté d'Assas le jeudi 27 mars. Celui-ci était un petit événement en soi, pour qui connaît l'histoire et la réputation du centre universitaire de la rue d'Assas, bastion de l'extrême droite estudiantine. De fait, depuis une dizaine d'années, une minorité de militants au crâne rasé, arborant blouson de cuir, rangers et barre de fer, y fait régner la terreur.

Pourtant, Marc Bitton, de l'U.E.J.F., étudiant dans cette université, nous avait convaincus d'y organiser, comme nous l'avions fait à Tolbiac et à Villetaneuse, une réunion de présentation de S.O.S. et de discussion sur le racisme et l'immigration. Pas de raison que ceux d'Assas n'y aient pas droit. Le président de l'université avait accepté, à condition que le débat reste très « universitaire ». Nous avions alors composé une tribune très intello, avec Bernard-Henri Lévy, Marek Halter, André Glucksmann, Philippe Sollers, Yvan Levaï, et le président de la fac lui-même, Jean Imbert. Comme prévu, dans les jours précédents, les affiches annonçant le meeting collées sur les panneaux de l'U.E.J.F., furent déchirées et couvertes de graffitis racistes. On vit fleurir les inscriptions antisémites, tandis que les menaces écrites et verbales à notre égard se multipliaient. Nous prenions de plus en plus de précautions, lors de nos collages d'affiches, la nuit, dans les rues de Paris. Et, en prévision du grand soir, l'U.E.J.F. avait mobilisé des dizaines de militants pour former un service d'ordre, à l'intérieur comme à l'extérieur de la faculté.

Lorsque j'arrivai à Assas, des centaines d'étudiants discutaient dans le hall, et l'amphi était comble. Plus de mille deux cents personnes. L'important était déjà que la réunion pût se tenir dans de bonnes conditions. La plupart des interventions, certaines de très haute volée, portaient sur le phénomène raciste et ses manifestations dans l'histoire, la culture, la philosophie ou même la psychanalyse. Chacun souligna l'importance du verbe, « arme suprême qui permettra à la logique de la vie de l'emporter sur la logique de la guerre ».

Bernard-Henri Lévy voulait « accélérer la banalisation de la lutte antiraciste ». Il décocha des flèches tous azimuts, et même à la pauvre Georgina Dufoix qui venait – peu adroitement il est vrai – de déclarer que si, aux élections, elle avait à choisir entre un candidat du Front National et un de la droite traditionnelle, elle irait marcher dans les Cévennes.

André Glucksmann mit en garde contre la probable entrée à l'Assemblée nationale, en 1986, de cinquante à cent élus d'extrême droite qui donneraient de la France « l'image d'un monde avarié, avachi, renfermé sur lui-même, définitivement nul ». Enfin Ivan Levaï évoqua l'attitude de la presse face au racisme. A propos du *Figaro* qui avait publié à la « une » le passé judiciaire d'Aziz Madak assassiné à Menton, il s'est écrié sous les applaudissements nourris de l'assistance : « Depuis quand insulte-t-on les cadavres ? » A la fin, Marc Bitton demanda à cette salle chaleureuse, qui avait longuement applaudi chaque orateur, de bien vouloir respecter une minute de silence à la mémoire d'Aziz Madak, comme cela avait été fait ailleurs, deux jours auparavant.

Tout l'amphi se leva et se tut instantanément. Même la trentaine de militants d'extrême droite qui s'était massée dans un coin n'osa pas rompre ce silence. Il n'y eut pas un accrochage, pas une violence, tant la détermination tranquille des étudiants avait forcé le respect. Mais nous n'allions pas savourer très longtemps ce succès.

Le lendemain soir, vendredi 29, après ma dernière émission de radio de la semaine sur une station FM, je devais retrouver Julien, Malik, Francis Terquem, l'avocat de S.O.S. et Marianne, dans un restaurant du quartier Strasbourg-Saint-Denis. Nous ne savions pas qu'à quelques centaines de mètres de là se commettait un nouvel attentat raciste. C'est vers minuit, après notre retour à la maison, que nous apprîmes, Marianne et moi, qu'un cinéma dans lequel se déroulait le festival international du cinéma juif, avait été plastiqué. Sur le répondeur téléphonique, Raphaël, un copain de l'association, avait enregistré un message peu explicite : « Je suis rue de Rivoli. Il vient d'y avoir un attentat contre un cinéma juif. Des gens courent dans tous les sens et... » La communication avait été coupée. J'appelai l'A.F.P. pour avoir des précisions.

Une bombe avait explosé sous un siège de la salle de cinéma Rivoli-Beaubourg pendant la projection d'un film sur *Eichmann, l'homme du IIIe Reich*, projeté dans le cadre du festival. Il y avait quatre blessés graves. Je téléphonai à Rocky, qui dormait, pour qu'il passe me prendre en voiture. Sur place, il n'y avait plus que les policiers, peu bavards, et deux journalistes de Radio-Communauté. Puis arriva un homme qui nous raconta qu'il sortait de l'hôpital. Il était dans la salle au moment de l'explosion et il n'entendait plus d'une oreille.

Enfin, comme je m'y attendais, Julien finit par arriver. Lui aussi avait été prévenu par un message sur son répondeur. D'un café de la place du Châtelet, nous avons rappelé l'A.F.P. Plusieurs organisations inconnues avaient revendiqué l'attentat, sans qu'aucune puisse être prise plus au sérieux que les autres. Mais l'une d'entre elles faisait toutefois allusion au meeting que nous avions tenu à Assas, la veille. La LICRA et la communauté juive appelaient à un rassemblement dimanche matin, devant le cinéma.

Rocky, Juju et moi étions préoccupés. Le formidable sursaut antiraciste qui avait suivi le crime de Menton et le premier meeting tenu sur ce thème à Assas, tout cela avait dû exacerber des passions dans certains milieux extrémistes. Cet attentat en était sans doute la preuve. Plus que jamais, il était nécessaire de resserrer les rangs du front antiraciste. A travers la coordination U.E.J.F. – S.O.S. Racisme, la communauté juive s'était massivement impliquée dans le combat contre le racisme anti-immigrés. Cet attentat pouvait provoquer un repli si elle se retrouvait seule à protester contre l'antisémitisme. Or, le lendemain, nous savions que les organisations de travailleurs et de jeunes Maghrébins avaient appelé à une manifestation à la mémoire d'Aziz Madak. Nous pouvions craindre que chaque communauté, préoccupée par ses propres victimes, ne veuille ignorer celles de l'autre. Il fallait trouver une proposition d'action commune qui ressoude ce front qui commençait à se dessiner. Nous carburions dur pour imaginer quelque chose. C'est Julien qui trouva. Un slogan. Commun à tous. Capable de rassembler Arabes et juifs sous la même banderole : « Un

Arabe à Menton. Un juif à Paris, c'est toujours nos potes qu'on assassine. »

A trois heures du matin, depuis le café, j'ai dicté un communiqué à la sténo de l'A.F.P., par lequel S.O.S. Racisme appelait à participer aux deux manifestations du lendemain et du surlendemain avec ce même mot d'ordre.

Rocky et quelques lycéens confectionnèrent, samedi matin, une banderole avec le nouveau slogan, derrière laquelle nous avons défilé l'après-midi aux côtés de la communauté maghrébine. Au moment de la dispersion, les responsables des organisations présentes appelèrent leurs adhérents à aller manifester, le lendemain, dimanche, devant le cinéma Rivoli-Beaubourg.

Alors que le cortège passait aux Gobelins, les animateurs du festival du cinéma juif – qui avait repris à l'Escurial, tout proche – se joignirent à nous. La solidarité intercommunautaire existait réellement.

Dimanche matin, les lycéens des comités S.O.S. se sont retrouvés au coude à coude, sous la même banderole, avec les militants de la communauté juive. De nombreuses personnalités s'étaient déplacéeu : Enrico Macias, Simone Veil, Michel Rocard, Signoret et Montand, Marek Halter, entre autres.

Certains arrivèrent une heure en retard. En effet, dans la nuit du 30 au 31 mars, la France était passée à l'heure d'été. Et, comme Rocky, beaucoup n'avaient pas songé à avancer leur montre.

Je me suis retrouvé, pour la première fois, au

S.O.S. RACISME
Bulletin hebdomadaire de l'Agence d'information
Mardi 15 mai 1985

Lycée Fénelon, jeudi 9 mai, midi. Six, sept personnes distribuent des tracts de la « Jeune Garde », une organisation lycéenne d'extrême droite. Très vite, les lycéens qui refusent le tract et les porteurs du badge « Touche pas à mon pote » sont pris à partie. Un élève de première, qui vient de donner son badge à l'un des « skins » menaçants, demande poliment qu'on le lui rende. On lui répond : « Non, parce qu'on est fascistes. » Après les insultes, les échanges de coups. Deux élèves sont blessés légèrement. L'un d'entre eux, qui avait son badge dans sa poche lorsqu'il est arrivé au lycée, raconte : « J'ai vu un tract avec la croix celtique du G.U.D. dessus. Je l'ai jeté. L'un des skins m'a dit : « Tu le ramasses, tu le mets dans ta poche ou je te latte. » Il n'a pas ramassé le tract et s'est retrouvé la joue ouverte à l'infirmerie du lycée. Rien de grave. Il ne sait pas encore s'il va porter plainte. Ses parents décideront puisqu'il est mineur.

---

premier rang du cortège. Et nous avons marché vers l'île de la Cité. Enfin, marché, façon de parler. Parce que la cohue était telle que j'ai eu l'impression d'avoir été porté jusqu'au mémorial de la Déportation. Je me suis retrouvé au bras de Simone Signoret, à côté d'Yves Montand. Simone était très fatiguée et commençait alors à avoir de très gros problèmes de vue. Mais elle avait tenu à être présente. Elle me répétait combien elle était heureuse de voir, pour la première fois à cet endroit, des jeunes beurs et des intellectuels arabes. C'était le signe, disait-elle, qu'une véritable solidarité pouvait naître entre ces deux communautés et que beaucoup de choses pourraient changer en France et ailleurs, grâce à cela. J'en étais tout à fait convaincu.

Série noire... Ça continuait. A la fin de la manifestation, dimanche 31 mars, au moment de la dispersion devant le cinéma Rivoli-Beaubourg, un copain, tout essoufflé, nous hèle : « Encore un, ils en ont tué encore un... » Atroce dans sa banalité, l'éternelle histoire se répétait. Samedi soir, la veille, à Miramas, Nourredine Hassan Daouadj et Reli Aissaoui s'étaient fait expulser du café *Le Mistral* par un patron énervé. Deux consommateurs éméchés avaient alors saisi des armes et pourchassé les deux jeunes gens. Nourredine, dix-huit ans, avait été tué et Reli blessé.

Moi, je m'envolais le lundi matin pour la Martinique avec Marianne à l'invitation des associations de jeunesse de toutes les Caraïbes qui organisaient des assises et voulaient s'associer à S.O.S. Julien, Pierre et Ahmed partirent donc en catastrophe à Miramas.

Première tâche : mener l'enquête sur ce crime comme S.O.S. s'y était engagé. Selon les témoins, les habitués du quartier, le meurtrier présumé avait toujours affiché des opinions racistes. Et pourtant, la police s'en tenait encore à la version de l'altercation entre joueurs de cartes pris de boisson. Julien, Pierre et Ahmed avaient découvert une ville en état de choc : silence pesant, regards méfiants au passage de la délégation de S.O.S. Dès qu'ils tentaient de parler du meurtre, les visages se détournaient. Miramas aurait voulu oublier très vite ce qui s'était passé, faire comme si rien n'était arrivé.

Les amis de Nourredine déambulaient, hésitant entre la stupeur et le désir de vengeance. Toutes les vieilles histoires remontaient à la surface, les humiliations, les insultes, les menaces. La vie en négatif de cette cité silencieuse.

A la périphérie de Miramas avaient été construits une cité-dortoir et un foyer d'immigrés pour ceux qui travaillaient dans les usines proches de l'étang de Berre. Le village n'acceptait ces étrangers que réduits à un rôle de consommateurs. La police, à son habitude, organisait des descentes dans les bars. Les jeunes parlaient parfois de retourner au pays. Une solution qui, souvent, n'en était pas une. La plupart ne connaissaient que la France.

Très vite, la délégation de S.O.S. a acquis la conviction que la version policière ne tenait pas. Les entretiens avec la famille, les témoins, les voisins, permettaient d'ébaucher le scénario réel. Nourredine n'était pas dans le bar, il s'était simplement interposé. L'hypothèse de la querelle qui dégénère tombait. L'assassin n'était qu'un voisin, pas un ami de Nourredine. Il avait déjà commis plusieurs agressions racistes, tirant sur des Algériens en février 1982, menaçant, à plusieurs reprises, de jeunes Maghrébins avec son fusil. Il ne se privait pas de déclarer que, un jour, il se « ferait un Arabe ».

Le lundi 1ᵉʳ avril, à seize heures, S.O.S. Racisme tenait une conférence de presse. La police avait manqué à son devoir de réserve en tirant immédiatement des conclusions lénifiantes. Mais il ne s'agissait pas pour S.O.S. de se substituer à elle. A Paris, Thaïma lançait l'idée d'une campagne de solidarité sous forme de télégramme : « Arrêtez le délire, vive la vie. »

A Miramas, l'association prenait contact avec l'Amical des Algériens et annonçait qu'elle prendrait en charge le rapatriement du corps à Oran ainsi que les frais d'avocat. Julien, Pierre et Ahmed étaient profondément émus, marqués par l'ambiance qui régnait. La police avait laissé le corps exposé plusieurs heures aux yeux de tous, devant la famille déchirée. La chaussée où le meurtre avait été commis était pleine de fleurs. Longtemps, avec l'acharnement de la douleur, les amis de Nourredine ont refusé que le sol soit nettoyé. Il fallait que, symboliquement, la mémoire du crime demeure. En juillet, plusieurs mois plus tard, Khader a dormi tout une nuit dans un sac de couchage près des traces de sang qui s'effaçaient. Il voulait une dernière fois empêcher que le service de nettoyage ne tourne définitivement la page.

Lundi soir, deux mille personnes manifestent à Miramas. Les premiers signes du clivage entre S.O.S. et la municipalité apparaissent alors. Les employés municipaux coupent la sono lorsque Ahmed prend la parole. Les jeunes et la famille doivent intervenir pour qu'on puisse l'entendre. La municipalité aurait bien voulu que l'on aille manifester ailleurs, à Marseille ou à Paris. Elle mettait en avant les risques de violence. En réalité, la mairie craignait de perdre des voix et préférait que le silence retombe. Un remue-ménage pareil, électoralement, c'est peu porteur.

Par la suite, toute une série d'associations nous ont reproché notre comportement. Or, nous avons toujours agi avec l'assentiment de la famille. Pierre a même été logé chez les parents de Nourredine. L'appui qu'ils nous ont offert n'a jamais faibli en dépit des pressions de la municipalité, y compris sur le travail du père.

Avec l'appui de la mairie, la calomnie s'est développée. Une calomnie dont on retrouve les traces dans les discours de certains, aujourd'hui encore. On nous a reproché d'écraser les associations de terrain. Seulement, à Miramas, il n'y en avait aucune. Miramas ce n'est même pas les Minguettes. C'est le désert à huit heures du soir, le désœuvrement, la galère des petits boulots, la dérive des petits délits. La seule association qui existe aujourd'hui a été créée par Pierre et les amis de Nourredine, après le meurtre.

Plus tard, Pierre m'a raconté que, dans la semaine, un vieux monsieur s'était approché de lui. « Qu'est-ce que ça veut dire S.O.S.? » Pierre explique. « Vous êtes sûrs de ça? a demandé le vieillard un peu étonné, on m'avait expliqué que S.O.S. voulait dire "sauvetage des associations sionistes". »

Des difficultés surgirent encore avec l'Amicale des Algériens et le consulat d'Algérie à Marseille. Alors qu'à Paris une entrevue avec le responsable des relations extérieures de l'Amicale des Algériens et le premier conseiller de l'ambassade algérienne permettait à S.O.S. Racisme de croire possible la coopération, sur place, à Miramas, tout changeait. Prétextant la manipulation et faisant du chantage à la violence, l'amicale régionale semblait d'accord pour saboter, avec le P.C., nos initiatives. Le consulat d'Algérie à Marseille, timoré ou suivant les conseils de l'Amicale, ne facilitait pas non plus les choses. A Paris, l'ambassade avait autorisé l'envoi d'une délégation de trois personnes pour participer à l'enterrement de Nourredine en Algérie. A Marseille, seul Abderahmane pourra partir. Il sera d'ailleurs mis à l'écart à son arrivée à Oran et devra reprendre l'avion au bout de quelques heures, sans avoir pu assister à l'enterrement.

Je pus vérifier quelques mois plus tard, à l'occasion d'un voyage en Algérie pour le Festival de la Jeunesse que cette attitude de l'Amicale des Algériens n'avait qu'une signification locale. A Alger, l'accueil que reçut S.O.S. Racisme me rassura sur les sentiments réels que lui portait le gouvernement algérien.

Le vendredi soir, l'Amicale régionale des Algériens organisait avec le P.C. et la C.G.T. une manifestation à Marseille qui réunit mille huit cents personnes. S.O.S. Racisme y participa, avec sa banderole, et diffusa des tracts appelant à la manifestation du lendemain. Le samedi, enfin, la marche put se dérouler. Sans incident, malgré les provocations.

Toute la semaine, les agressions racistes s'étaient multipliées à Miramas tandis que, le matin même, la ville s'était réveillée couverte de bombages traitant les Français d'ordures.

Les amis de Nourredine ouvraient la manifestation, suivis par S.O.S. Racisme et d'autres associations. Le recteur de la mosquée de Paris avait envoyé un représentant ainsi que l'Union des femmes musulmanes.

Rentrés à Paris, Julien, Pierre et Ahmed ont trouvé le local envahi par les sacs postaux. Les télégrammes : « Arrêtez le délire, vive la vie » étaient arrivés. Nous les avons remis à la presse. Mais, six mois plus tard, l'assassin de Nourredine court toujours et son complice, interpellé, a été libéré sous caution.

VII

François, Bertrand, Bernard, Dominique et les autres... à la Mutualité

Cette semaine sanglante avait en quelque sorte fait passer S.O.S. Racisme de l'enfance à l'âge adulte. Pour beaucoup d'entre nous, surtout les plus jeunes, cette confrontation avec la violence, la mort, la rencontre avec la bêtise raciste et, parallèlement, avec l'isolement moral et la misère physique dans lesquels vivaient les immigrés, avaient été un choc. Si notre façon de travailler ensemble, de rire ensemble, de jouer à faire partie d'un certain star-system, avait pu faire croire à ceux qui critiquaient S.O.S. que cette association n'était qu'un truc à la mode, ils ont dû alors reconnaître leur erreur. Notre raison d'être était bien celle-là : être présents partout où des hommes, des femmes, se font insulter, agresser, assassiner pour la couleur de leur peau. Se battre à leurs côtés pour qu'on appelle un chat, un chat, et un raciste, un raciste. Leur offrir au besoin aide matérielle et assistance juridique. Et se servir de notre petite notoriété naissante, de nos parrains célèbres pour empêcher qu'un lâche oubli aidé par l'actualité du jour ne fasse reléguer en dernière page l'histoire banale du « raton » de plus qu'on vient d'assassiner.

Cette semaine sanglante a remis les pendules à l'heure. Oui, S.O.S. existait sur le terrain. Oui, S.O.S. avait raison de se frayer un chemin jusqu'aux médias nationaux. D'abord pour donner la parole à ceux qui ne l'ont jamais afin que l'écho de leurs cris vienne enfin troubler la paisible bonne conscience de ces « Français innocents » chers à M. Barre. Mais aussi parce que le discours, les thèmes, les accusations racistes, avaient, eux, depuis longtemps, accès à la presse, à la télé, à la radio. « Dehors les immigrés », nous avions déjà entendu ça durant les années soixante-dix. Mais ces vociférations ne sortaient guère alors du huis clos de la faculté d'Assas et des meetings néo-nazis à la Mutualité. En dix ans, ce discours s'était tellement banalisé qu'aux municipales de 1983 on vit ainsi se développer un étrange thème de campagne sur les « quotas d'immigrés » que les élus s'engageaient à respecter dans leur ville pour ne pas en troubler l'harmonie. 10 pour 100 disait l'un, 12 pour 100 disait l'autre.

Tout le monde sait que ce fameux « seuil de tolérance » est sorti tout droit de l'imagination fertile de certains hommes politiques. Aucune étude scientifique n'a jamais prouvé – et pour cause – que tout marchait bien entre communautés lorsque pour quatre-vingt-dix bons Français on ne trouvait que dix bougnoules, mais que rien n'allait plus lorsqu'il y en avait douze. En revanche, entassez trois mille familles dans des cités-dortoirs aux murs de papier mâché, sans espaces verts ni distraction à proximité, laissez l'environnement se dégrader, les tenants de l'extrême-droite parler à la télévision, et vous êtes sûrs d'obtenir un bon crime raciste, que les immigrés soient 5 pour 100, 10 pour 100 ou 20 pour 100. Voilà pourquoi il était si important à nos yeux de combattre par les mêmes armes ce discours discriminateur qui avait envahi insensiblement les canaux d'information.

Nous voulions nous adresser non pas aux convaincus, mais aux adversaires. Leur dire : ne croyez pas ces mensonges, voyez les réalités de la vie de ceux que vous rejetez, cessez d'avoir peur, c'est de la peur que naissent la haine et la violence... Les antiracistes sont plus nombreux que les racistes. Beaucoup par conviction, d'autres par éducation, qu'importe. Il nous fallait leur donner un signe de ralliement, le badge, et un lieu de rencontre, de décision, d'amplification : S.O.S.

Ce qui s'est passé cette semaine-là a été décisif parce que, partout en France, des gens, surtout des jeunes, ont dit « non ». Et que, loin de dételer, une fois l'émotion passée, ils sont restés vigilants, disponibles. Décidés à s'opposer à cette montée, soi-disant inexorable, d'un racisme imbécile. Les associations locales, les comités de lycées et de villes, les bureaux régionaux de S.O.S. Racisme se sont alors multipliés. Sans qu'on y soit pour quelque chose d'ailleurs. Nous recevions au local, rue Martel, des dizaines d'appels du même style :

« Allô, bonjour, c'est le comité S.O.S. Racisme de Guéret.

– Ah bon! il y a un S.O.S. Racisme à Guéret?

– Ben oui, quoi... On a besoin de mille badges pour dans trois jours.

– Dans trois jours?...

– Pour notre grande fête... »

Partout en France, nous découvrions des gens formidables. Ce sont surtout les lycéens, parfois même très jeunes, qui nous ont le plus sidérés par leur enthousiasme, leur sérieux et leur audace à toute épreuve.

S.O.S RACISME
Bulletin hebdomadaire de l'Agence d'information
Jeudi 11 juillet 1985

Vers quatre heures du matin, Farid Djennad se fait embarquer au commissariat de Courbevoie. Il sort d'une soirée avec des amis. Signe particulier : Farid porte de superbes Ray-Ban. Quatre policiers commencent un interrogatoire serré et plein d'à-propos : « Où t'as eu ces lunettes? » Devant ses protestations – les lunettes sont à lui –, les quatre policiers le frappent : tête, thorax, à coups de pied, de poing, de genou. Avant de s'évanouir, Djennad a le temps d'entendre : « Mettez le paquet, faut qu'on en finisse avec les bougnoules. » Les coups durent toute la nuit. Vers dix heures du matin, alors que Farid respire à peine, on lui refuse un médecin. Conclusion de l'inspecteur : « Allez, Farid, on écrase, tu portes pas plainte et nous on laisse tomber le vol des lunettes. » Refus de Farid. L'inspecteur insiste : « Comme tu veux, Farid. Tu vas tomber pour coups et blessures. » Il attendra dix-neuf heures pour être relâché. Les policiers lui signifient une plainte pour vol de lunettes, ainsi que coups et blessures ayant entraîné dix jours d'arrêt de travail pour l'agent blessé...

A Bordeaux, par exemple, des collégiens de sixième nous invitèrent, Abdou et moi, à un débat qu'ils organisaient pour commenter les résultats d'un sondage qu'ils avaient réalisé sur le racisme et les jeunes. Ils avaient interrogé tous les gosses, systématiquement, depuis trois semaines. Les questions étaient simples.

« Êtes-vous racistes? »

« Si oui, pourquoi? »

« Qui aimez-vous le moins : les Arabes, les Chinois, les Noirs? »

« Vos parents sont-ils racistes? »

« Avez-vous entendu parler de l'Afrique du Sud? »

« Comment peut-on lutter contre le racisme? »

Les résultats étaient plutôt réconfortants. Il n'y avait que 6 pour 100 d'enfants pour se dire ouvertement racistes. Mais ils en convinrent aisément, c'était encore trop, même si c'était mieux que leurs parents!

Avec Rocky, Julien, Serge, Thaïma et tous les autres, j'étais perpétuellement coincé entre deux trains, à courir d'un bout de la France à l'autre. Meetings, manifs, projections de films et discussions, exposés dans des lycées, témoignages à des procès. La vie devenait folle... et formidable.

Partout, des gens extra se manifestaient, aidaient, témoignaient. Des gens parfois inattendus. Je me souviens ainsi de cette famille d'agriculteurs près d'Annonay. Dans cette petite ville banale d'Ardèche, un commissaire de police au long passé d'extrémiste avait torturé un jeune Algérien pour lui faire avouer de supposés délits. Nous ne connaissions personne à Annonay. Ces jeunes agriculteurs se sont proposés pour nous aider, nous héberger, centraliser les tracts, etc. Et, au Havre, où Jean-Pierre et Hervé étaient partis en catastrophe pour tenter d'en savoir plus sur l'affaire de cet immigré tabassé par quatre lycéens, c'est un simple employé du petit hôtel où ils étaient descendus qui est devenu, spontanément, le pilier de leur action là-bas.

Bien plus que notre reconnaissance par les médias nationaux, cette existence réelle de S.O.S. à travers tout le pays donnait enfin son vrai sens à notre action. Il était temps. Nous avions alors à faire face à deux types de réactions. Celle, prévisible et attendue, du Front national, avec les discours tonitruants et éructants de Le Pen, les agressions de ses supporters, et le lancement du contre-badge « Touche pas à mon peuple ». Et celle, plus inattendue, d'une partie de la gauche et du mouvement antiraciste lui-même. Le P.C. nous avait toujours considérés avec méfiance, voire soupçonnés d'anticommunisme ou de sionisme. D'autres dénonçaient, plus bizarrement, le caractère trop « gentil » de S.O.S., sur le thème « c'est un phénomène de mode », « touche pas à mon pote, c'est angélique, ça ne règle pas les vrais problèmes », etc. Nous avons eu alors quelques articles perfides, comme celui de Sylvie Caster dans *le Canard enchaîné,* ou celui d'Ezzedine Mestiri dans *la Croix,* qui qualifiait notre badge de « nouveau gadget d'une gauche bon chic bon genre en mal de référence humaniste ». Rien que ça.

Bof! On n'avait pas vraiment le temps de se préoccuper de ces petits coups de patte. D'autant plus que le succès de notre badge et du slogan nous valait bien d'autres problèmes. De partout nous revenait que des hommes politiques – parfois de droite, mais plus souvent de gauche – tentaient de nous récupérer pour leur propre propagande. Et, curieusement, ce n'étaient jamais ceux qui, comme Bernard Stasi, Jean-Michel Belorgey, Françoise Gaspard ou Jean-Pierre Worms, nous avaient soutenus dès le départ.

Aux législatives de mars 1986, on le sait, il y aura entre huit cent mille et un million de nouveaux électeurs potentiels, jeunes Français d'origine maghrébine, dits « de la seconde génération » ou Français musulmans, anciens « harkis » et leurs descendants. Un chiffre non négligeable, qui avait de quoi faire réfléchir certains hommes politiques. Dès l'ouverture de la campagne des cantonales prévues en mars 1985, les « opérations séduction » envers S.O.S. Racisme se multiplièrent. Le port du badge était à la mode, y compris chez les candidats qui, hier encore, affichaient le plus grand scepticisme ou une ostensible indifférence. Toutefois, reconnaissons-le, ce n'était pas le plus souvent du côté de la droite que nous parvenaient ces spontanés et encombrants parrainages.

Je compris rapidement que nous risquions fort d'étouffer sous ces bruyantes embrassades. D'autre part, il était difficile d'interdire à certains antiracistes sincères de s'afficher comme tels, simplement parce qu'ils faisaient de la politique. Nous avions un comité de parrainage subtilement dosé entre intellectuels, artistes, sportifs, juifs, chrétiens, musulmans... ou athées. Jusque-là, aucun politique » professionnel », si je puis dire, n'y était entré. Ce n'était pas le fait du hasard. Aujourd'hui, nous étions assez forts pour résister à ces tentatives de récupération. Nous avons donc décidé de tester certaines bonnes volontés, en mettant les intéressés au pied du mur.

Eric Ghebali qui, en tant que président de l'U.E.J.F., connaissait la plupart des dirigeants politiques, nous proposa d'organiser, sous l'égide de son association, un meeting à la Mutualité où seraient conviés, avec des personnalités non engagées, toutes les formations politiques, de droite comme de gauche. A l'exclusion du Front national, on s'en doute! Le 21 janvier, sous une immense banderole : « Je ne suis pas raciste mais... il n'y a pas de mais », une tribune inhabituelle s'était constituée. Aux côtés de Marie-France Pisier, de Philippe Noiret, de Bernard-Henri Lévy et Marek Halter, avaient pris place : François Doubin (M.R.G.), Bertrand Delanoë (P.S.), Bernard Pons (R.P.R.), Dominique Baudis (opposition, non inscrit), Jean-François Deniau (U.D.F.), Olivier Stirn (majorité, non inscrit). Mais la salle n'était pas aussi consensuelle que la tribune. D'autant que les socialistes avaient jugé utile d'y placer bon nombre de militants chargés d'assurer à la fois la claque pour Delanoë et le chahut pour les représentants de l'opposition. On put s'en rendre compte lorsque Bernard Pons prit la parole. Son rappel des principes républicains d'accueil, de tolérance, de non-discrimination en fonction des races ou des religions, ne semblait pas satisfaire ses auditeurs. Ils lui reprochaient à voix haute le flirt (très poussé) de son parti avec Le Pen, et les discours sécuritaires et anti-immigrés de certains de ses membres. Outré de cette attitude qu'il qualifia d'intolérante, Emmanuel Leroy-Ladurie quitta la tribune.

Cet incident fut amplifié par la presse et la télévision. Et, pourtant, il s'était passé ce soir-là quelque chose de très important. Bernard-Henri Lévy et Olivier Stirn avaient proposé de définir une sorte de « code de bonne conduite » antiraciste en politique : rejet des pratiques et des discours anti-immigrés, refus de se faire élire avec le soutien des formations racistes, notamment. Tous les présents en firent la promesse solennelle. Au moins à titre personnel pour Bernard Pons, qui déclara ne pouvoir parler au nom du R.P.R. tout entier. On s'en doutait bien un peu... Mais cette parole donnée avait quand même valeur d'engagement et je la pris comme telle.

A partir de là, dans les villes où s'implantait un comité S.O.S. Racisme, ses dirigeants demandaient systématiquement au maire, quelle que soit sa couleur (politique, évidemment) de les parrainer. S'il

acceptait, cela signifiait qu'il s'engageait publique-
ment à combattre le racisme dans sa ville, y compris
auprès de ceux de ses électeurs les plus tentés
d'associer souci sécuritaire et réflexe anti-immigré.
Cela était important pour nous. D'abord parce que
de telles attitudes, rares en ces périodes où il est plus
payant, électoralement, de suivre le courant plutôt
que de tenter de l'endiguer, constituaient autant
d'encouragements précieux pour S.O.S. Mais aussi
parce que cela nous permettait d'établir des contacts
et une discussion permanente avec l'administration
locale. Si cela ne nous a pas toujours permis d'éviter
les conflits – en matière de logement, notamment –,
nous avons pu au moins éviter qu'ils ne dégénè-
rent.

Ailleurs, ce fut parfois plus qu'un simple dialogue.
Ainsi, à Rennes, à Toulouse, Belfort, Lille ou Bordeaux, l'attitude amicale et compréhensive des équipes municipales nous fut d'une grande aide. Cela
nous facilita beaucoup de choses lorsque nous orga-
nisâmes des concerts contre le racisme partout en
France, au mois de mai.

Ces encombrantes opérations-charme ne furent
pas les seules retombées prévisibles de la force
croissante de S.O.S. Certains ne voyaient pas notre
percée d'un très bon œil. Tentatives de récupération
d'un côté, tentatives de dénigrement de l'autre.
Parmi elles, la plus désolante fut celle d'une partie
du mouvement beur. Au début, on n'y a pas fait
attention, mais en y réfléchissant plus tard, on s'est
rendu compte que tout était parti de Miramas. Les

difficultés que nous avaient créées l'Amicale des Algériens n'avaient pas été accidentelles. Nous dérangions; nous agacions.

A l'époque nous n'avions pas envie de faire preuve de susceptibilité. Par la suite, il s'est agi de bien autre chose. Car il y a eu, à partir de là, une campagne, d'abord insidieuse, puis franchement ouverte sur le thème : S.O.S. Racisme est aux mains des associations juives, les gens de S.O.S. sont des sionistes, les beurs n'ont rien à faire avec eux.

Il fallait s'y attendre. Or, dès le départ, nous avions délibérément voulu ignorer les clivages traditionnels entre communautés. C'est vrai qu'à l'heure actuelle, en France, les agressions racistes frappent plus souvent les Arabes que les autres. Mais le racisme antinoir est virulent, l'antisémitisme toujours vivace, et la haine de l'autre, de l'étranger, des goûts et du mode de vie des immigrés, quotidienne. Le racisme, ça concerne tout le monde. Aussi, parmi nous, dès nos premiers pas, toutes les communautés ont été représentées. Les juifs aussi, bien sûr, et notamment Eric Ghebali, président de l'Union des étudiants juifs de France. Nous n'étions pas assez naïfs pour imaginer que la cohabitation judéo-arabe que nous avions réalisée au bureau de S.O.S. suffirait à faire disparaître tout problème. Nous ne pouvions ignorer ni l'attachement des juifs à Israël ni l'attachement des Arabes à la cause palestinienne. Mais, dans le combat contre le racisme que nous voulions mener ensemble, il nous semblait idiot de faire de cette question, qui nous dépassait, un préalable à toute action commune. Au contraire, nous pensions tous qu'il était très important de voir, en France, aujourd'hui, des beurs manifester contre l'antisémitisme, et des juifs protester contre le racisme antiarabe. Des discussions pouvaient exister au sein de S.O.S., mais des affrontements, non.

Ce coude à coude était suspect pour certains. Des deux bords, d'ailleurs. Et ils ont su exploiter le petit sentiment de dépit que des associations de terrain, qui ramaient depuis des années sans arriver à émerger, pouvaient légitimement ressentir à notre égard. « Vous ne pouvez pas parler en notre nom, vous n'êtes pas des nôtres. » Ce reproche n'était pas fondé, en l'occurrence, car il visait à mélanger deux choses : le combat antiraciste pour lequel, effectivement, nous appelions à nous rejoindre, et l'expression des revendications particulières d'une communauté spécifique, pour laquelle nous n'avions aucune prétention monopoliste. Le rôle de S.O.S. Racisme n'était pas de se substituer aux associations communautaires, mais de créer des conditions d'écoute différentes dans la société.

S.O.S. ne devait aucunement faire de l'ombre aux associations beurs comme, parfois, certaines d'entre elles l'ont craint. Mais, au contraire, leur offrir, en cas de besoin, une caisse de résonance. Par la suite, cela a bien été démontré. Mais il y a eu des moments difficiles.

S.O.S. RACISME
Bulletin hebdomadaire de l'Agence d'information
Jeudi 15 août 1985

La gare Saint-Charles à Marseille, un soir comme tant d'autres. Trois policiers font irruption vers vingt et une heures dans le hall de la gare. « Contrôle d'identité, vos papiers. » L'opération est menée d'une main de fer. A tel point que les occupants de la salle d'attente se rebiffent. Devant leurs protestations, les policiers réagissent : ils arrosent copieusement les récalcitrants de gaz lacrymogène.

Un peu plus tard, les trois mêmes fonctionnaires, accompagnés d'un vigile, sont de retour. La gare s'est vidée, et ne restent sur les bancs de la salle d'attente que deux ou trois isolés. Mais cette fois la prise est bonne : les « suspects » sont incontestablement basanés. L'attitude des policiers, déjà franchement agressive, se durcit encore. Après avoir une nouvelle fois vidé leur bombe lacrymogène sur les voyageurs, ils les embarquent sans ménagement, avec force coups et insultes racistes. « Bande de bougnoules, vous allez déguster. » Les « bicots » encaissent en effet : forcés de se déshabiller, ils passent la nuit au poste de police de la gare, livrés nus à la vindicte des trois policiers de garde. Ils ne seront relâchés que le lendemain matin, sans s'être vu notifier la moindre inculpation. Ces pratiques sont courantes à la gare Saint-Charles et les trois policiers qui s'y adonnent, connus.

Ainsi lorsque, mi-avril, Christian Delorme nous a envoyé une lettre étrange. S'il rappelait qu'il nous avait toujours encouragés et soutenus dès le départ, et que notre action lui semblait plutôt positive, il exprimait tout à coup des « inquiétudes » d'autant plus surprenantes qu'il ne nous en avait jamais fait part. Or, le fait invoqué était loin d'être nouveau, puisqu'il s'agissait de la présence de l'U.E.J.F. en tant que telle au bureau de S.O.S. Il nous reprochait aussi notre position « hégémonique » dans le mouvement associatif maghrébin, et les risques d'« étouffement » qui en découlaient pour les autres associations. Enfin, il nous accrochait durement sur l'attitude des militants de S.O.S. qui, à chaque incident raciste, débarquent en province, « veulent tout prendre en main » et court-circuitent les structures traditionnelles.

Pour finir cette quasi-déclaration de guerre, il nous proposait une rencontre pour essayer de résoudre les problèmes. Dès que j'ai reçu cette lettre j'ai sauté sur mon téléphone pour dire mon étonnement à Christian Delorme et proposer une réunion au plus vite. Nous sommes convenus alors d'une date. Mais, à ma grande surprise, le lendemain, Robert Solé, du *Monde*, m'appela : il s'apprêtait à publier des extraits de cette lettre et voulait avoir ma réaction. Delorme ne m'avait pas dit qu'il comptait étaler notre différend sur la place publique... J'ai essayé de calmer un peu le jeu et de ramener tout ça à de plus justes proportions. En vain. Les jours suivants, tous les journalistes nous sont tombés sur le dos. « Alors, c'est la fin? S.O.S. éclate? » était la tonalité générale des questions. Les articles ont alimenté la polémique. Bref, lorsque le jour fixé pour la rencontre est arrivé, l'ambiance était tendue à l'extrême. Plus question de petite « réunion amicale de copains », comme cela avait été convenu au départ entre

Christian et moi. Il allait s'agir d'une mise en accusation en règle de S.O.S. par les plus durs du mouvement maghrébin.

Nous avons donc décidé, pour éviter les journalistes et limiter l'assistance, de ne donner le lieu choisi qu'à la dernière minute. Nous nous sommes donc retrouvés dans une salle de la faculté de droit du Panthéon. Il y avait Driss et Farid Aïchoune, de Sans Frontière, des gens du collectif jeunes contre le racisme de la région parisienne, Radio-Soleil, Christian Delorme, « S.O.S. ça bouge » de Bondy, entre autres.

La réunion a été agitée, mais finalement moins dure que nous ne le redoutions. Même les plus hostiles à notre endroit ont dû reconnaître que notre boulot était correct. Et que le retentissement donné à notre action pouvait agacer, certes, mais qu'il avait réussi à faire changer l'ambiance vis-à-vis des militants antiracistes en général. Finalement, ça s'est plutôt bien passé. Il n'y a que le type de Radio-Soleil qui nous a joué un sale tour. Il a enregistré, en douce, toute la réunion et en a repassé, les jours suivants, sur sa radio, des morceaux soigneusement choisis!...

Nous avons fait une proposition : créer une sorte de comité regroupant des représentants de toutes les associations antiracistes intéressées, qui se réunirait régulièrement, afin de coordonner nos activités. J'ai insisté sur ce qui me paraissait fondamental : ne pas gâcher, par des polémiques internes idiotes, la chance de voir se créer en France un véritable front antiraciste. Chacun y avait sa place. Mais si cette campagne continuait, il était évident que S.O.S. Racisme n'y survivrait pas. Quelqu'un, dans cette réunion, voyait-il à cela un intérêt quelconque?... A l'évidence non.

Tous les problèmes ne furent pas supprimés par cette rencontre. Mais au moins nous avions parlé sans nous étriper. Et, par la suite, l'ambiance fut quand même plus cool. Certains, même, sont venus travailler avec nous en apportant des projets précis, des idées formidables. Il est vrai qu'un incident imprévu, à la fin de la réunion, a ramené nos petits problèmes d'épiderme à leur vrai niveau. En sortant place du Panthéon, nous avons vu des colleurs d'affiches du Front national qui s'engueulaient avec des gens qui avaient osé arracher quelques exemplaires de leur production de la nuit. Comme un seul homme, nous nous sommes tous précipités, les uns pour finir le travail des décolleurs, les autres pour courser les colleurs, qui ont grimpé dans leur voiture et disparu sans demander leur reste. La convergence de nos intérêts était, cette fois, flagrante.

VIII

D'un palais, l'autre

Au local, rue Martel, il y a un petit bureau, tout au fond, que je partage avec Juju, Claire et Thaima, où je suis censé disposer d'une table, d'une chaise et d'un téléphone. A moi. Perso. Réservé. En fait, il me faut bien admettre que ma position de président de S.O.S. Racisme est éminemment précaire. Lorsque j'arrive à la permanence, je trouve toujours au moins un copain sur ma chaise, un autre pendu à mon téléphone, et un bordel pas possible sur mon bureau. Dans l'indifférence générale, je gueule, et puis je fais le ménage. Si les journalistes de la grande presse nationale qui ont fait de moi – paraît-il – une vedette, voyaient ça, ma réputation en prendrait un coup, me dit sans cesse Julien en se marrant.

Un matin d'avril, en arrivant au local, je trouvai Raphaël, un peu fébrile, assis à ma place derrière mon bureau. « Ho, mon pote, tu te prends pour le président? » Mais je ravalai mes sarcasmes. Raphaël commençait à m'inquiéter. Tout en s'efforçant de parler calmement et sans bégayer, contrairement à son habitude, il fit sortir deux ou trois jeunes gens qui demandaient des renseignements à Claire sur les stocks de badges. C'était le jour des surprises : au lieu de protester, comme je m'y attendais, Claire demanda aux gamins de l'attendre dans le couloir un moment et referma la porte derrière eux. Je m'assis, de plus en plus intrigué, derrière mon bureau enfin libéré, et Raphaël s'assit solennellement en face de moi.

« Écoute, c'est très important », commença-t-il. Jusque-là, rien que de très ordinaire. Raphaël commence toujours comme ça...

Il lève les yeux au ciel et prend son souffle. Il a son visage sérieux des jours de négociations de contrats avec des fabricants de badges ou de fournitures de bureau. Il est vrai que Raphaël a travaillé un temps à la Bourse et qu'il en a gardé un goût certain pour la solennité.

« Il va falloir que tu ailles manger avec le président de la République, me dit-il, soignant ses effets.

– Quoi, il va falloir ? Qu'est-ce qui se passe ? »

J'affecte la plus parfaite indifférence, tout en continuant à ouvrir le courrier qui traîne sur le bureau. Raphaël est scandalisé.

« Tu es invité à déjeuner avec le président de la République, quoi, enfin, mec. Tu vas y aller, non ? »

Je le regarde. Ça l'amuse de me faire gamberger, et il ne veut pas cracher le morceau.

« Bon, alors, explique et arrête de te foutre de

moi », lui dis-je, enfin sérieux. J'apprends alors que, la veille au soir, Roland Castro, architecte et animateur de Banlieue 89, avait téléphoné pour me transmettre un message présidentiel. J'étais invité, le 17 avril prochain à treize heures, à déjeuner à l'Élysée. Il y aurait également les maires socialistes de Mons-en-Barœul et d'Hérouville-Saint-Clair, et un urbaniste qui travaillait au projet de la maison du Monde arabe, à Paris. Thème de cette rencontre, on s'en doute : le racisme et l'immigration.

Je n'ai pas grimpé aux rideaux, d'ailleurs il n'y en a pas rue Martel. Mais j'étais quand même estomaqué. Évidemment, j'allais accepter. Qui refuse une invitation du président de la République? Et puis, si j'arrivais à placer un mot ce jour-là, j'aurais beaucoup de choses à lui dire sur la montée du racisme en France, l'attitude de certains élus – parfois de ses amis politiques –, et sur l'importance de l'introduction du droit de vote pour les immigrés. A partir de ce moment-là, les choses se sont compliquées : Raphaël avait pris le message, mais pas les coordonnées. J'ai mis deux jours avant de retrouver Roland Castro et lui donner ma réponse. Et puis, plus le 17 avril approchait, plus je m'angoissais. Déjà, les « déjeuners de travail », ce n'est pas vraiment ma tasse de thé. Comment expliquer correctement S.O.S. Racisme et ses buts entre deux mastications? Avec les journalistes, je m'y étais plus ou moins habitué, mais avec François Mitterrand, c'était nettement plus impressionnant.

Roland Castro essaya de me détendre en m'expli-

S.O.S. RACISME
Bulletin hebdomadaire de l'Agence d'information
Jeudi 11 juillet 1985

Le 21 juin au soir, jour de la fête de la musique dans le quartier des Halles à Paris, B. assiste à l'un des nombreux concerts programmés au forum, quand une bagarre éclate à proximité. B. se rend alors au commissariat du Ier arrondissement, pour avertir la police. B. est un adepte de S.O.S. Racisme et porte le badge « Touche pas à mon pote ». Le fonctionnaire de faction, ce soir-là, ne partage pas les mêmes opinions. A tel point que B. à peine entré dans le commissariat, il arrache la petite main de la veste de son propriétaire. Dans l'altercation qui suit, B. est frappé si violemment que les coups reçus justifient son admission, entre deux policiers, au service des urgences à l'Hôtel-Dieu. Là, il est examiné par un interne qui juge ses lésions assez graves pour établir un certificat. De retour au commissariat, B. est de nouveau passé à tabac avant de finir la nuit au « frigo », la cellule destinée aux ivrognes.

Rendu à la liberté le lendemain matin à dix heures, il s'est fait « dérober », dans l'intervalle, le certificat de l'Hôtel-Dieu. Au lieu de quoi, les policiers lui notifient une amende pour ivresse sur la voie publique, fondée sur les déclarations écrites d'un psychiatre qu'il n'a jamais vu.

quant que ces déjeuners étaient très informels, sans protocole. En quelque sorte, c'étaient les « récréations » du président. L'occasion, pour lui, de rencontrer amicalement des gens de tous horizons qu'il n'avait plus le temps de voir depuis son élection. Je trouvai ça très sympathique, mais mon trac n'en était pas moins grand en arrivant, le jour dit et, pour une fois, à l'heure dite, à l'Élysée. Un huissier en frac noir, une chaîne d'argent autour du cou, me conduisit dans un petit salon Empire, au rez-de-chaussée. Tous les autres invités étaient déjà là. Horreur! Ils arboraient tous costume sombre et cravate. Pas moi. Tant pis, il était trop tard pour y changer quelque chose. La conversation, languissante, s'arrêta net à l'entrée de François Mitterrand, précédé d'un huissier aboyeur : « M. le président de la République. » Comme déjeuner décontracté, ça commençait bien...

Le président me fit asseoir à sa droite, dans la petite salle à manger gris et blanc installée, me dit-il, par Georges et Claude Pompidou. Roland Castro, très M. Loyal, me désigna comme première victime : à moi l'honneur d'ouvrir la discussion en présentant S.O.S. Je m'emmêlai allégrement les pinceaux pendant quelques minutes et puis, finalement, l'habitude et la conviction aidant, je finis par dire ce que je voulais dire.

François Mitterrand m'avait écouté avec patience et attention. Impossible de lire quoi que ce soit dans son regard scrutateur. Il eut des mots simples mais vrais pour dire son inquiétude devant la multiplication des comportements racistes, entretenue par des discours politiques irresponsables. Mais il trouvait encourageante l'attitude des jeunes dont je lui avais longuement parlé. Ce fut plus fort que moi : je lui posai la question qui me brûlait les lèvres : « Et le droit de vote pour les immigrés, monsieur le Président, c'est une idée abandonnée ou non? » François

Mitterrand m'assura qu'il y était personnellement toujours favorable mais qu'il fallait admettre que la majorité des Français y était hostile. De la bataille épique, livrée l'année précédente à propos de l'école privée, il avait retenu une leçon : convaincre l'opinion avant de tenter une réforme en profondeur. En ce domaine, il fallait que le mouvement associatif et les formations politiques favorables à l'octroi du droit de vote, aux municipales, aux immigrés, fassent leur travail d'« éducateurs ». « Il ne faut pas tout attendre du gouvernement », conclut-il.

J'avais été séduit par l'homme et impressionné par le politique, et pourtant je restais sur ma faim. Parce qu'on ne pourra pas m'ôter de la tête qu'un citoyen, muni d'une carte d'électeur, pèse plus lourd aux yeux d'un homme politique qu'un non-électeur. Mais je comprenais que le chef de l'État soit tenu à une certaine prudence. Aussi, je tombai des nues lorsque, trois jours plus tard, devant le congrès de la Ligue des Droits de l'homme, François Mitterrand déclara qu'il était personnellement favorable au droit de vote des immigrés aux municipales. Les convictions de l'homme de gauche avaient été plus fortes que les scrupules du président. En sortant de cette entrevue, je croisais dans le grand hall Jean-Louis Bianco, secrétaire général de l'Élysée. A ma grande confusion il me reconnut, alors que je ne savais pas qui était ce grand jeune homme au sourire chaleureux. Il me montra un badge qu'il avait dans sa poche et m'expliqua que ses enfants étaient devenus d'excellents vendeurs. J'étais soufflé de voir que, même à l'Élysée, la petite main de S.O.S. avait trouvé non seulement des adeptes mais des propagandistes.

En ce mois d'avril S.O.S. était en ébullition. Comme d'habitude, diront les habitués. Certes. Mais il s'agissait cette fois-ci d'innover. La fête était enfin au programme.

Quelques jours avant mon déjeuner à l'Élysée, j'arrive un matin, tout faraud, rue Martel. En face de moi, Juju est au téléphone, en pleine discussion. Il me jette à peine un regard. Derrière la porte du bureau que j'ai, petit miracle, réussi à maintenir fermée depuis au moins une minute, des copains s'engueulent. Qu'est-ce qui se passe? Je réalise que c'est simplement Diégo qui explique à Ryma ce qui se passe dans un lycée qu'il vient de visiter. Il est comme ça, Diégo. Il ne parle pas, il gueule. Faut s'y faire.

Juju a fini. Il pose l'appareil, me regarde et dit : « Alors? » Sa question n'appelle pas de réponse. C'est sa manière de dire bonjour. Mais aujourd'hui c'est spécial. Depuis hier soir nous avons décidé de concrétiser cette vieille idée de fête.

Ah, cette fête. Elle fait quasiment partie de nos statuts. Avec la permanence téléphonique, les groupes de quartier et le badge, c'étaient nos seuls projets de départ lorsqu'on s'est embarqués dans cette histoire de fous, il y a... mon Dieu, il y a sept mois à peine! Régulièrement, dans la panique hebdomadaire, quelqu'un lançait : « Et la fête? » Plus tard. Pas le temps. Cette fois-ci on se jetait à l'eau.

S.O.S. tournait, toujours acrobatiquement, c'est vrai, mais tournait plutôt bien quand même. On pouvait concrétiser notre vieux rêve. Il avait pris du poids, celui-là, depuis le départ. Plus question de se contenter de cinq mille personnes au Zénith, avec trois, quatre têtes d'affiches militantes. Pourquoi pas cent mille personnes et un concert en plein air, avec les plus grands artistes français et étrangers? En effet, pourquoi pas, jusque-là ça ne coûtait rien. Depuis quelques jours, on gambergeait à plusieurs sur cette idée. Julien a commencé à tâter le terrain du côté des artistes, des sociétés de production. Et, depuis hier soir, on a décidé de passer à la vitesse supérieure. Mais on bute encore sur le lieu.

Ce matin j'ai ma petite idée et, après le traditionnel « alors? » de Juju, je fonce : « Alors, voilà, on va faire notre concert place de la Concorde. » Juju en reste un instant sans voix et puis : « Enfin, Harlem, c'est pas vrai, vieux. Descends de ton nuage, tu veux bien. » A ce moment-là, Serge arrive. Je lui dis mon idée. « Génial, c'est génial. Bien sûr, il faut le faire à la Concorde, notre concert. Tu imagines : la Concorde des potes? » Ça y est, le titre est trouvé.

Juju nous regarde comme s'il allait appeler les pompiers. Et puis, comme toujours, il baisse la tête, se plonge dans ses pensées en se rongeant les ongles. Je lance un clin d'œil à Serge. Je parie que dans trois minutes le Julien va se précipiter sur son téléphone.

Le temps d'aller voir à l'agence de presse combien il me reste de secondes avant de remettre l'édito que j'ai inconsidérément promis pour leur prochain bulletin, et j'ai gagné mon pari. Juju raccroche : « C'est pas joué d'avance, Harlem. Mais c'est faisable. » Voilà comment ça a démarré. On était le 9 avril. Et le jour choisi pour la fête était le 15 juin. Ce furent les deux mois les plus dingues de notre vie.

Pour le lieu, il fallut ramer : entre la préfecture de Police, la mairie de Paris et le ministère de la Culture, ça n'a pas été simple mais ça a marché. Ensuite, il a fallu discuter avec des « pros » du spectacle, tout en contactant les artistes susceptibles de se lancer dans cette folie avec nous. Nous avions décidé de convoquer une conférence de presse le 23 avril pour annoncer le spectacle. Il fallait que tout soit bouclé d'ici là. Juju s'est occupé du montage avec Album Productions. Bernard, d'organiser les moyens de transport à tarif réduit pour tous les potes de province. Cécile, des relations avec la presse. Henri, des effets spéciaux. Quant à moi, je négociais la retransmission télévisée et j'essayais d'imaginer le discours que j'allais tenir à Marianne pour lui faire admettre que, d'ici fin juin, je serai hors du domicile (presque) conjugal, au moins vingt heures sur vingt-quatre.

Restait le problème du fric. Gigantesque. Album Productions nous avait fait une estimation terrifiante. Pour sonoriser cet énorme espace, monter les deux scènes nécessaires, installer tous les équipements indispensables, prévoir animation, service d'ordre et, quand même, assurer les frais de déplacement et d'hébergement des artistes, il fallait compter au minimum deux cent cinquante millions de centimes. Le ministère de la Culture a accepté de nous subventionner jusqu'à concurrence de cent millions. Le reste, il fallait assurer. Course aux sponsors : Philip Morris, R.A.T.P., FNAC, etc.

Et, surtout, négociations avec Marie-France Brière, à TF1, pour la retransmission et l'enregistrement du concert. C'était ric-rac. A tel point qu'après la fête il a fallu casser la tirelire de S.O.S. (soixante-dix briques, quand même) et aller tirer quelques sonnettes pour éponger le déficit. Les artistes ont été vraiment sympas. La plupart ont joué gratis. Ceux qui avaient des frais de déplacement ont fait le maximum pour ne pas nous matraquer. Seule fausse note, Murray Head. Il nous réclamait trente millions de centimes! Des gens ont dû ensuite lui réexpliquer le principe du concert, parce que, quelques jours plus tard, il nous a rendu près d'un tiers de la somme.

Coluche et Richard Berry, en bons parrains, se sont défoncés pour nous donner des idées, démarcher leurs copains et, surtout, nous faire enregistrer par des célébrités les messages publicitaires que nous voulions passer sur les radios pour annoncer la fête. Thierry Lhermitte, Jane Manson, Miou-Miou, Gainsbourg, Birkin, Anémone, Bashung, ont ainsi proclamé que, le 15 juin, ils seraient à la Concorde avec les potes.

De toute cette période d'intense excitation et de travail fou, je garde un souvenir assez flou. Tout le monde s'occupait de quarante mille choses à la fois. Ce qui est incroyable, c'est qu'un concert exceptionnel, non seulement en audience, mais en qualité, ait pu se construire à partir de ce chambardement confus. Mais aussi, qu'est-ce qu'on a pu rire!... Je me souviens d'un jour où, avec Julien et les gens d'Album, nous nous entretenions gravement de la préparation matérielle du concert. Hervé a déboulé dans le bureau pour nous proposer ses gamberges en matière d'effets spéciaux. Il voulait des parachutistes largués au-dessus de la Concorde, des péniches sur la Seine envoyant des jets d'eau sur lesquels se refléteraient des images lasers, des montgolfières dont les nacelles seraient remplacées par des feux de Bengale... Il fallait voir la tête des gens du spectacle en entendant Hervé délirer. Ils ont dû vraiment se demander s'il ne valait pas mieux décrocher. Mais, au milieu de ces folies, naissaient quelques idées réalisables. Les mains géantes de quinze mètres, par exemple, qui jalonneront la place, le 15 juin.

Et puis, cinq jours avant la date prévue pour le concert, des camions se sont garés place de la Concorde. Des ouvriers ont commencé à monter la scène : soixante-dix mètres de long sur vingt mètres de profondeur. Surmontée d'un écran géant, le plus grand existant actuellement en Europe, venu spécialement de Twickenham.

Tous les soirs, en rentrant de la rue Martel, nous passions voir les progrès du jeu de construction. La veille nous avons brusquement compris que ce rêve allait bientôt se réaliser... ou éclater, et nous nous sommes mis à paniquer. La suite, on la connaît... Ce fut vraiment une belle fête, digne des espoirs et des efforts formidables de tous ceux qui l'avaient imaginée et l'ont réalisée. S.O.S. en sortait avec un prestige renforcé, certes, mais avec un trou à la hauteur dans ses maigres finances.

La déprime régna carrément lorsque la facture de la ville de Paris arriva rue Martel. Nous savions bien que, ayant assuré un certain nombre de tâches matérielles – depuis la pose de barrières métalliques, la veille, jusqu'au nettoyage du lendemain –, la mairie allait nous envoyer la note. Mais, en fait, nous avions oublié... Je pris donc rendez-vous avec Robert Pandraud, le directeur de cabinet de Jacques Chirac, le 11 juillet à l'Hôtel de Ville, pour tenter d'obtenir des délais de paiement. Je me retrouvai en face d'un homme assez froid, mais plutôt bienveillant. Le règlement pouvait attendre un peu, me concéda-t-il. Mieux : il allait revoir tout le détail, pour s'assurer si on ne pouvait pas comprimer davantage l'addition... Ravi et enhardi par cette compréhension inattendue, je poussai le bouchon un peu plus loin : « Est-ce que je ne pourrais pas rencontrer M. Chirac, un de ces jours, pour évoquer avec lui les problèmes posés par l'attitude de certains hommes politiques en matière d'immigration?... »

Le silence retomba. Robert Pandraud me regardait, son œil vif brillant d'ironie, massif, carré derrière un impressionnant bureau.

« Attendez-moi un instant, monsieur Désir, je crois qu'il y a justement une possibilité... »

S.O.S. RACISME
Bulletin hebdomadaire de l'Agence d'information
Jeudi 15 août 1985

M. Jordan Gollub n'est pas content. Organisateur d'une marche du Ku-Klux-Klan destinée à faire mieux connaître son organisation, il n'a rassemblé derrière lui que vingt-huit personnes. C'était à Bristol, en Virginie. On se prend à espérer que le nombre des admirateurs du Klan est en baisse dans le sud des États-Unis. Pas du tout. Les puristes du racisme aux États-Unis ne lui reprochent qu'une chose... il est juif.

Le jeune homme s'est avoué très déçu de l'attitude de ses compagnons d'armes. Il se déclare en effet lui-même antisémite convaincu. Pas banal...

Il se leva et disparut.

J'étais complètement abasourdi. Là, il m'avait bien eu. Dix minutes plus tard, il me précédait dans le bureau du maire de Paris. Celui-ci m'accueillit à l'entrée d'une pièce immense, pleine de tapis, de lustres dorés, de chaises et de canapés Louis XV. C'était le bureau du président de la République... multiplié par quatre! Immense, nerveux, la poignée de main sèche, la voix hachée, le sourire carnassier, Jacques Chirac était plus vrai que nature. L'homme ne manque pas de charme, je dus l'avouer, et il est d'un abord direct. Son entrée en matière me laissa la bouche ouverte, sans voix. Il était en fait en train de me féliciter pour le « magnifique travail » réalisé par mon association et pour la « belle » fête du 15 juin.

J'allais lui proposer d'adhérer, quand il changea de registre. Il était inquiet, me confia-t-il de voir S.O.S. risquer de passer sous la coupe de « certaines » formations politiques – pas la sienne, bien sûr –, ce qui risquait de dénaturer notre combat et de décevoir nos adhérents.

Je le rassurai en lui avouant que, conscient du danger, je m'efforçais de l'éviter. Puis Jacques Chirac me conseilla de distinguer les problèmes spécifiques des immigrés de ceux posés par les ressortissants des Dom-Tom. Pour ces derniers, Français à part entière, il ne peut y avoir disparité de droits, estima mon interlocuteur. En revanche pour les étrangers, s'ils peuvent exiger qu'on respecte leur personne et leur culture, ils ne peuvent prétendre aux mêmes droits que les Français. « La nation française, ce sont les Français. » Favorable au développement des cultures minoritaires et des religions, « comme l'islam, seconde religion du pays », Jacques Chirac était hostile au discours « assimilationniste ». Préoccupé par le maintien de bonnes relations avec les pays du Maghreb, il me confia qu'il trouvait « les propos de Jean-Marie Le Pen tout à fait irresponsables ». D'ailleurs il estimait que, pour faciliter le départ des immigrés, il fallait leur proposer une formation spécifique, voire un prêt, leur permettant de se réinstaller dans leur pays d'origine.

J'essayais d'endiguer ce flot de paroles en lui exprimant mon inquiétude à propos des projets de l'opposition de réforme du code de la nationalité. Jacques Chirac tenta, sans succès, de me convaincre qu'il était « moins contraignant » pour les enfants d'immigrés nés en France de choisir librement, ou non, la nationalité française à dix-huit ans, que de se la voir imposer d'office.

Je lui fis valoir que cela ne changerait rien au fait que, Français ou non, ces jeunes de la deuxième génération resteraient en France. Aborder, comme il le faisait, le problème immigré par le préalable du retour plus ou moins forcé au pays d'origine, était absurde. Mieux valait tenter de créer les conditions d'une bonne cohabitation sur le sol français de toutes les communautés qui y vivent et y travaillent. Avant de se lever pour me signifier que l'entretien était terminé, il ajouta une considération sur la nécessité de distinguer les « bons » immigrés des « mauvais ». Ces derniers, quelle que soit la nature du crime commis, devaient être expulsés immédiatement, « dans l'intérêt même des bons éléments ». Je lui fis remarquer qu'il serait impensable d'expulser un gamin coupable d'un vol de mobylette vers un pays inconnu pour lui, alors que toute sa famille demeurerait en France. Mais je crois qu'il ne m'entendit pas. Il était en train de conclure sur le respect que l'on doit, en toute circonstance, à la personne humaine, quelle que soit sa race ou sa religion. « Ce qui est important, monsieur Désir, c'est de traiter les gens avec dignité. Croyez-moi, là est l'essentiel, la dignité. » C'était important, j'en convins volontiers. Mais était-ce vraiment l'essentiel?

IX

Les voyageurs de l'égalité

Roer inte min Kompis, nous savions depuis peu que cela signifiait « Touche pas à mon pote » en suédois. Mais qu'est-ce que donnerait notre slogan en flamand, en allemand, en italien, en danois, en grec ou en chinois? Personne ne parlant couramment ces langues à S.O.S. Racisme, nous n'en avions aucune idée... Or, dès le surlendemain de la fête de la Concorde, ce petit problème linguistique était devenu d'actualité rue Martel. Nous réunissions, en effet, ce jour-là, ce qui allait devenir le bureau international de S.O.S. Nom bien pompeux pour désigner nos potes d'au-delà des frontières. Des associations sœurs commençaient, depuis plusieurs mois déjà, à se créer un peu partout en Europe.

Tout avait commencé en février, avec une grosse commande de badges en provenance de Belgique. Yannick Samzun et ses copains publiaient, en Wallonie, un magazine de jeunes, *Oxygène*. Parti de rien, le mouvement, comme en France, avait fait tache d'huile. Là aussi, grâce à l'enthousiasme des plus jeunes, lycéens et collégiens. De nombreuses personnalités, de **Plastic Bertrand** aux présentateurs vedettes de la **R.T.B.F.**, avaient apporté leur aide, arborant le badge devant les caméras. Un jeune chanteur de rock, **B.B. Funk**, qui avait assisté à la première conférence de presse que nous avions tenue, Yannick et moi, à **Bruxelles** le 15 novembre, composa une chanson intitulée *Touche pas à mon pote*. Et enregistra un disque qui sortit avant la version française, réalisée par **Boris Bergman** et **Alain Bashung**. Mme Jospa, présidente de la plus grande association antiraciste belge, le **M.R.A.X.**, accueillit avec enthousiasme ces jeunes renforts. Toujours débordante d'énergie, cette militante des Droits de l'homme, blanchie sous le harnais, me fit visiter ses locaux où défilaient tous les immigrés en difficulté. La Ligue belge des Droits de l'homme ainsi que la Ligue des Familles parrainèrent également le lancement de S.O.S. en Belgique.

Yannick et son équipe étaient parfaitement sur la même longueur d'onde que nous, et firent preuve d'une grande habileté dans le « positionnement » du mouvement vis-à-vis des hommes politiques là-bas comme en France, toujours à l'affût de fréquentations électoralement payantes. Ils réussirent à obtenir que leur soutien reste distant et, surtout, équilibré, tant à droite qu'à gauche.

Nous étions un peu surpris du succès immédiat rencontré par S.O.S. Car, en Belgique, le racisme est loin d'avoir atteint la cote d'alerte comme c'est le cas en France. Toutefois, les agressions, les tracasseries, les discours xénophobes, tendent à se développer depuis quelques années. Certaines mairies refusent même d'inscrire les immigrés sur les registres municipaux, ce qui revient à les chasser de la ville. Pour les jeunes Belges, il ne fallait pas attendre d'en arriver à l'apparition de crimes racistes pour combattre le fléau. Il fallait, dès maintenant, valoriser cette « génération multicolore » qui vivait bien la rencontre des cultures, et développer la solidarité entre les différentes communautés. Quatre cent mille badges furent vendus en trois mois. Et je rencontrais chez les collégiens, les lycéens de Bruxelles ou de Saint-Josse, le même enthousiasme, la même détermination que chez ceux de Paris ou de Bordeaux.

Après la Belgique, ce fut la Suisse romande qui réclama les petites mains de S.O.S. Christiane Perregaux, militante des Droits de l'homme à Genève, nous contacta au nom d'un groupe de jeunes qui avaient monté une association, curieusement appelée « Le Pavé ». S.O.S. Suisse n'allait pas tarder à naître.

Même la barrière des langues ne résista pas à la flambée S.O.S. Racisme. Le badge se déclina bientôt en flamand, en hollandais, en suédois, en norvégien, en allemand, en anglais et en italien. Mais ce succès comportait un risque : voir la totale indépendance tant politique que morale des comités S.O.S. compromise. Il nous a fallu nous habituer aux politiques associatives différentes dans certains pays. Notamment en Italie, où S.O.S. Racisme reçut le soutien officiel à la fois des jeunesses communistes et des jeunes démocrates-chrétiens, sans que personne ne songe à s'en étonner.

En Suède, en dépit d'un taux d'immigration identique à celui de la France, le discours raciste n'existe qu'à titre de curiosité politique. Et pourtant l'implantation de S.O.S. Racisme fut favorablement accueillie et annoncée par les deux principales formations politiques à la fois, celle des sociaux-démocrates comme celle des conservateurs. Nous avons alors compris que la politique française, décrite comme « exemplaire » par les Français cocardiers, était en fait un anachronisme pour le reste de l'Europe. En Hollande et en Suède, par exemple, où la gauche et la droite existent comme chez nous, la loi sur le droit de vote des immigrés aux élections locales fut adoptée, sans problème particulier, par la quasi-totalité des représentants des différents partis.

Moins virulent qu'en France et, surtout, moins attisé par certains hommes politiques en mal d'argument électoral, le racisme n'était pourtant pas inconnu, hélas, en dehors de l'Hexagone. C'est pour en dresser un constat, et pour tisser des liens de solidarité réels entre jeunes antiracistes par-delà les frontières, que nous avons lancé, à l'été 1985, l'initiative des « voyageurs de l'égalité ».

L'idée nous avait séduits : embarquer une cinquantaine de jeunes, venus des cités-dortoirs de toute la France, pour un voyage en car à travers l'Europe, du 25 juillet au 17 août. Le but : internationaliser la campagne contre le racisme commencée en France. Les candidatures affluèrent et il fallut bloquer la liste très rapidement. De Catherine de Lille, à Ahmed de Toulon, en passant par Kader de Miramas, Hasni de Lyon, Denis de Bordeaux, Gwen de Rennes, Djamel de Nancy, William de Belfort, Fatima d'Épinay ou Saïd de Saint-Denis, nous avions là une véritable petite France multicolore et multi-confessionnelle.

Kaïssa, Diégo, Pierre, Christophe, Fatihra et Marc furent chargés de convoyer la troupe. Première étape : Bruxelles. Au mémorial du Martyr juif, c'est un beur qui prit la parole, et, devant le café où un Marocain avait été assassiné par des fascistes, ce fut un jeune juif qui prononça quelques mots. Symbole naïf, peut-être, mais si important pour nous, de cette solidarité intercommunautaire, sur laquelle s'était bâti S.O.S. Racisme. Nous y avons rencontré de jeunes Marocains – c'est la communauté la plus importante – qui nous racontèrent leurs tentatives pour monter un festival de musique maghrébine et nous expliquèrent la très complexe législation belge sur l'immigration.

L'étape hollandaise permit de constater qu'au pays de la tolérance officielle tout est loin d'être rose pour les immigrés. Ils possèdent effectivement le droit de vote, qui leur a été accordé récemment par un parlement quasi unanime. Mais leurs conditions de vie sont les mêmes qu'ailleurs. Les Surinamois (venus de l'ex-Guyane hollandaise) parqués au quartier des Baljmeer n'ont rien à envier aux Maghrébins des Quatre-Mille à La Courneuve. A Amsterdam, j'ai rejoint les « voyageurs » pour un court, trop court séjour. Après la visite de la fondation Anne-Frank, dont les dirigeants sont membres fondateurs de S.O.S. Hollande, nous avons été reçus par Ed Van Thijn, bourgmestre de la ville. Son discours nous sidéra, nous qui étions habitués au verbe creux des hommes politiques français. Il nous déclara tout simplement qu'il souhaitait que, chez lui, tous les immigrés se sentent chez eux, et non en exil. Que tous avaient droit, au même titre que les citoyens hollandais, à la culture, au logement, à l'emploi et à la sécurité. Priorité à la lutte contre le racisme à Amsterdam, et ce n'était pas une vaine promesse : fermeture des établissements pratiquant une ségrégation raciale, annulation des contrats municipaux passés avec les entreprises dont les pratiques sont notoirement discriminatoires, embauche d'immigrés dans l'administration et même dans la police. « Apartheid est un mot hollandais, conclut Ed Van Thijn. C'est pourquoi mon pays doit être le premier dans la lutte contre le régime de Pretoria. »

Nourredine s'est alors levé, spontanément : « Monsieur, moi je n'ai pas de questions à vous poser. Je voudrais simplement vous dire que je connais beaucoup d'immigrés qui aimeraient vivre à Amsterdam, rien que pour vous avoir comme maire. » Il s'est rassis, très ému, et tout le monde a applaudi.

L'Allemagne fut moins accueillante, du moins sur le plan officiel. Des camarades turcs décrivirent les expulsions brutales qui avaient touché, ces dernières années, des dizaines de milliers d'entre eux, y compris des familles installées depuis des années. « Soyez allemands ou rentrez chez vous », rengaine connue, des deux côtés du Rhin. En passant à Hambourg, les voyageurs remarquèrent, amarré à un quai du port, un grand bateau bariolé des couleurs de l'arc-en-ciel. Sur son flanc, de solides gaillards en tee-shirts frappés d'emblèmes pacifistes, achevaient d'inscrire à la peinture blanche son nom : *Greenpeace*. Les écologistes leur expliquèrent que c'était leur nouveau bateau, qui allait appareiller pour Mururoa, en remplacement du *Rainbow Warrior*, coulé un mois plus tôt en Nouvelle-Zélande.

A.F.P.
Quimper, 21 mai

Un lycéen de Quimper, porteur du badge « Touche pas à mon pote », a été blessé de plusieurs coups de pistolet à grenaille par un camarade de sa classe, porteur du badge du Front national, « Touche pas à mon peuple », apprend-on mardi auprès des services de police.

Depuis quelques semaines, dans une classe de terminale du lycée Brizeux de Quimper (Finistère), une sourde rivalité opposait la majorité des élèves à l'un de leurs camarades, Daniel B., dix-sept ans, qui affichait ses opinions proches de l'extrême droite en arborant un badge du Front national sur le revers de son blouson. L'un des élèves, Pascal Riou, dix-huit ans, porteur du badge « Touche pas à mon pote », lui avait fait savoir à plusieurs reprises que son attitude était une provocation.

A la frontière danoise, les responsables de S.O.S. et leurs jeunes amis purent constater que, quels que soient l'uniforme et la nationalité, rien ne ressemble plus à un flic qu'un autre flic. Et qu'une matraque fournie par un gouvernement progressiste vaut celle donnée par un gouvernement conservateur. Au poste de douane, une taxe commerciale est réclamée aux jeunes Français, sous prétexte qu'ils forment un groupe de voyage organisé. Tentative de discussion, qui se solde par une volée de coups de matraque. L'incident provoqua – mais trop tard – l'indignation de la presse et des députés de toutes tendances, qui les reçurent le lendemain.

Changement de climat sensible dès l'arrivée en Suède. Ici, les voyageurs de l'égalité ont enfin rencontré des immigrés électeurs et satisfaits de l'être. Ceux-ci ont, en effet, obtenu le droit de vote aux élections locales en 1976. Ce qui leur a même permis de participer à un référendum sur le nucléaire! Cet été-là, la Suède préparait les élections législatives. Reçus par les deux principales formations politiques, nos jeunes ambassadeurs y rencontrèrent le même chaleureux accueil. Le Premier ministre, Olof Palme, les reçut personnellement et leur expliqua qu'il comptait proposer d'étendre le droit de vote des immigrés aux législatives. Suède, pays de tolérance. Avant de rentrer en France, les voyageurs, fatigués mais ravis, ont croisé, en Norvège, un petit groupe de jeunes immigrés qui démarraient un périple identique au leur, en sens inverse.

Le bilan de ce périple fut, somme toute, positif.

Pas seulement pour les jeunes qui l'avaient entrepris et qui avaient ainsi découvert la réalité de cette vie d'*ailleurs* trop souvent mythifiée, mais aussi pour nous. Outre les contacts internationaux noués à cette occasion, notre réflexion s'est nourrie de cette confrontation avec la vie des autres, et du regard porté par nos amis étrangers sur nos problèmes communs. L'Europe de demain, celle officiellement souhaitée par tous les hommes politiques que nous avions rencontrés, ne pouvait se bâtir en excluant du processus ces quinze millions d'immigrés qui en font partie intégrante, qu'on le veuille ou non. Plutôt que de mener des combats d'arrière-garde à propos de leur hypothétique départ, ceux qui leur contestent encore ce droit à la parole dans leurs terres d'adoption, feraient mieux d'admettre l'évidence : la majorité d'entre eux resteront là où ils ont trouvé du travail. Et c'est d'ailleurs ainsi que s'est, au fil des siècles, constituée l'Europe d'aujourd'hui. La société multiculturelle est une force et une richesse pour ceux qui savent, non seulement l'accepter, mais en tirer la substantifique moelle.

Pour l'heure, et c'était aussi un des enseignements de ce périple européen, il fallait bien admettre qu'aucune solution exemplaire n'avait encore été trouvée. Dans les pays scandinaves, où les immigrés ont obtenu le plus de droits civiques, et où le racismes vulgaire, à la Dupont-Lajoie, est en principe banni de la vie courante, un mur d'indifférence s'est élevé entre les communautés. Xénophobie à visage humain, mais xénophobie quand même. Égalité de droits en principe, mais à l'usage, en ce qui concerne le logement, la sécurité, la scolarité, le droit de participer à la vie de la cité, les rapports avec la police et la justice, une subtile discrimination apparaît. Égaux sur le papier, mais certains le resteront toujours un peu moins que d'autres...

Nous avons donc décidé, après avoir « digéré » la masse de sensations autant que d'informations rapportées de ce voyage, de nous mettre à la rédaction d'une charte européenne de l'antiracisme, qui deviendrait la pierre de touche du mouvement antiraciste européen qui se mettait en place. Dans cette charte, l'une des toutes premières revendications était la liberté de circulation à l'intérieur des frontières communautaires pour les immigrés possédant des permis de séjour de longue durée dans leur pays de résidence. A l'heure actuelle, la moitié des responsables de S.O.S. Racisme ont besoin d'un visa pour se rendre en Belgique, en Allemagne ou en Angleterre!

L'extravagance de cette contrainte nous avait d'ailleurs entraînés, en avril, à nous accommoder à notre façon de la légalité. Avril, c'était l'époque du désormais célèbre voyage de l'inimitable Ronald Reagan en Allemagne. En Allemagne... et, surtout, à Bitburg, où ce chantre des droits de l'homme avait décidé de se rendre, afin de s'incliner sur les tombes de soldats allemands de la dernière guerre. Le fait qu'une bonne partie de ces tombes soient celles de nazis n'avait nullement fait hésiter cet inlassable pourfendeur du communisme. Il avait cru pouvoir

« compenser » cette étonnante exigence par une visite préalable au camp de concentration de Bergen-Belsen. Bourreaux et victimes, réconciliés spectaculairement par la seule présence du président de la plus grande nation du monde... Nous ne savons pas si cet acte symbolique a plu outre-Atlantique. Nous, nous étions révoltés.

L'U.E.J.F. et Marek Halter avaient décidé d'organiser, en liaison avec les organisations de jeunes juifs américains, une manifestation à Bitburg, le jour de la venue de Reagan. S.O.S. décida d'y envoyer une délégation. Juifs, beurs, Blancs et Noirs mêlés, évidemment. La solidarité entre communautés, qui est l'un des piliers de l'association, prenait, à cette occasion, tout son sens. Que des Arabes aillent témoigner, sur place, que l'holocauste des juifs les concernait aussi, était important pour nous tous. Kaïssa Titous, ancienne animatrice de la marche des beurs en 1983, devait participer à cette manifestation. Mais elle n'avait pas de visa lui permettant d'entrer en Allemagne. Marek Halter proposa de la faire passer en voiture par le Luxembourg, où il avait un ami susceptible de les aider. Déjà, le passage de la frontière luxembourgeoise n'était pas simple. Mais, avec sa verve habituelle, Marek monopolisa l'attention du policier qui examinait les passeports, pendant que Kaïssa se glissait derrière ses larges épaules.

La frontière allemande risquait d'être moins perméable. Nous embarquâmes donc dans deux voitures. Malik et moi, accompagnés d'un copain journaliste, avions loué une petite voiture. Derrière nous, dans l'imposante BMW, immatriculée au Luxembourg, du copain de Marek, avaient pris place Marek, Pierre et Kaïssa. Nous nous sommes présentés les premiers, comme convenu, au contrôle douanier : mal fringués, trop basanés, dans notre bagnole minable, nous avions tout pour attirer l'attention du fonctionnaire le moins zélé. D'autant plus que le passeport de Malik s'ornait d'une énorme tache d'encre très suspecte. Arrivée trois minutes après nous, la grosse BMW restait coincée. Au bout d'un moment, l'ami de Marek manifesta son impatience. Après un coup d'œil sur la voiture, les douaniers le laissèrent passer sans problème. Notre stratagème avait réussi. Trop bien même car, en fouillant le coffre, nos braves gabelous étaient tombés sur un colis à haut risque : les deux mille badges « Touche pas à mon pote », que nous emportions pour la manif. Tout fut confisqué et il fut même question, un moment, de nous obliger à retirer les petites mains qui ornaient nos blousons. Après une bonne heure de discussion avec leur supérieur hiérarchique, nous eûmes la permission de conserver nos propres badges. Mais le carton, lui, resta sur place.

Je ne sais pas ce que Ronnie entendit de nos cris et lut de nos banderoles, mais nous étions là. Au-delà de lui, c'était au monde – toute modestie mise à part – que notre message s'adressait. Nous ne pouvons ignorer les leçons de l'histoire. Banaliser l'holocauste, mettre sur le même plan toutes les victimes de la guerre, c'est nier l'ensemble des valeurs sur lesquelles nos sociétés se sont reconstruites après la Libération. A quoi bon ressasser des déclarations de principe sur les droits de l'homme, si toute mémoire historique est niée. Comme l'a rappelé alors Marek, citant le philosophe allemand Jaspers : « S'il n'y a pas de culpabilité collective, il y a, en revanche, responsabilité collective de l'humanité entière. Banaliser l'horreur d'hier, c'est accepter les crimes d'aujourd'hui. »

Responsabilité collective... C'est en son nom que nous ne pouvions admettre sans réagir – sous prétexte que des continents nous en séparaient – le maintien, pis, le renforcement de l'apartheid en Afrique du Sud. Nous avions toujours participé aux manifestations organisées contre le régime de Pretoria. Fin juin, nous avions accueilli, devant l'ambassade d'Afrique du Sud à Paris, Pierre Camara, le « marcheur antiapartheid », parti plus d'un mois auparavant de Toulon. Mais nous avions surtout profité du passage dans les capitales européennes, en juillet, des voyageurs de l'Égalité, pour proposer aux maires des grandes villes de la Communauté de participer à l'envoi d'une délégation de jeunes en Afrique du Sud, pour tenter d'y faire entendre la voix de la raison, et pour apporter aux victimes de ce système inique le soutien des populations européennes. A Amsterdam, Hambourg, Copenhague, Manchester, un accord de principe nous avait été donné. Glynn Ford, président de la Commission européenne sur la montée du racisme, devait la diriger. Mais, en France, nous n'arrivâmes pas à obtenir nos visas.

Il est vrai que l'ambassade nous avait pris en grippe après que, le 20 août, S.O.S. Racisme ait occupé – pacifiquement – les locaux de la South Africa Airways, près de l'Opéra, à Paris, pour protester contre la condamnation à mort d'un poète noir, Benjamin Moloise. La police parisienne nous avait particulièrement soignés, ce jour-là : nous avons relevé, après son passage, une dizaine de blessés dont deux durent être hospitalisés. Vingt-quatre d'entre nous furent embarqués manu militari au commissariat du Ier arrondissement, où les injures racistes habituelles nous furent servies chaud.

Pour tenter d'éviter que la sentence de mort prononcée envers Moloise soit exécutée, nous avions écrit au président de la République et aux présidents des groupes parlementaires. François Mitterrand me répondit par retour de courrier qu'il avait demandé au chargé d'affaires français, sur place, d'intervenir auprès du gouvernement Botha. Les parlementaires, eux, envoyèrent des télégrammes.

Efforts dérisoires? Certes. En face de la vie d'un homme, cette agitation parisienne peut sembler bien futile. Mais l'expérience – hélas! nous commencions à en avoir une certaine en la matière – nous avait appris que la publicité faite autour d'un prisonnier ou d'un condamné politique, peut faire reculer la main des bourreaux. Tout pour que le silence de l'indifférence soit la seule réponse aux cris des opprimés.

Afrique du Sud-U.R.S.S.... C'est le même combat qui nous fait manifester aujourd'hui, à l'occasion de la visite en France de Mikhaïl Gorbatchev, contre les discriminations frappant les juifs d'Union soviétique. Noir à Pretoria, juif à Moscou, ce sont toujours nos potes qu'on persécute, qu'on assassine.

A.F.P.
Paris, 21 août

Les vingt-quatre militants de S.O.S. Racisme interpellés mardi par la police, à l'issue de l'occupation des locaux de la Compagnie aérienne sud-africaine (South African Airways), ont eu la surprise de découvrir, dans les locaux du poste de police du Ier arrondissement, place du Marché-Saint-Honoré, des photos de MM. François Mitterrand et Pierre Joxe recouvertes de l'étoile de David.

Selon Harlem Désir, responsable de S.O.S. Racisme, les policiers « ont dès le début tenu des propos racistes du genre : " Le touche pas, tu vas te salir ", " Il va falloir qu'on se lave les mains " ». Emmenés dans la « salle des sports », poursuit Harlem Désir, nous avons vu parmi les affiches syndicales un article intitulé « Police et Sécurité » faisant référence à notre association où il était écrit que notre badge était « simpliste et ambigu » et que notre association visait « à culpabiliser les Français et annihiler la légitime colère de nos compatriotes devant la criminalité d'importation ».

Toujours selon Harlem Désir, « des militants qui ont été emmenés derrière le comptoir d'accueil ont pu voir des étoiles de David dessinées sur les têtes de MM. François Mitterrand et Pierre Joxe, photographiés sur la couverture de *Regards sur l'Intérieur*, la revue officielle du ministère de l'Intérieur, à l'occasion du 14 Juillet ».

X

Une multinationale de l'amitié

Dans la cohue du métro Porte-d'Italie-Porte-de-la-Villette je vacille, ce matin-là, à côté d'un homme à l'air furieux. Depuis la station Monge son regard exaspéré passe du badge « Touche pas à mon pote » épinglé comme d'habitude au revers de ma veste, à mon visage, évidemment trop basané à son goût. A la station Châtelet, il n'y tient plus. Beaucoup de gens étant descendus nous pouvons enfin nous asseoir. Il s'installe en face de moi et m'apostrophe :

« Je ne suis pas du tout d'accord avec votre machin-là... »

Moi, tout sourire :

« Ah bon! et pourquoi ça?

— Parce que je suis raciste.

— Vous êtes raciste? Mais alors, pourquoi m'adressez-vous la parole? Les racistes pensent que les Noirs sont des sous-hommes. Vous acceptez de parler à un sous-homme?

— Non, évidemment, je ne pense pas que vous êtes un sous-homme. Mais ma sœur s'est fait violer par trois Noirs, alors...

– Alors, pour vous, tous les Noirs sont des vio-leurs et tous les viols sont commis par des Noirs. Donc vous ne m'aimez pas parce que je suis un violeur?

– Non, je ne dis pas ça. Mais il y a quand même beaucoup de cas.

– Ah oui? Vous avez des chiffres à me citer? Des statistiques?

– Non, mais j'ai un voisin dont une collègue de bureau s'est fait agresser par des Noirs... ou par des Arabes. C'est pareil. Il y en a plein les journaux de ces histoires-là. Ça suffit.

– C'est vrai. Dans les journaux il y a parfois des titres du genre " Un Arabe – ou un Noir – viole une jeune fille. " Avez-vous déjà trouvé un titre en gras comme " Un Blanc viole... "? Dans ces cas-là on lit " Mlle X a été agressée par un ou des voyous... ". Vous ne trouvez pas ça étrange? »

Silence. Puis mon interlocuteur hoche la tête :

« C'est vrai. Là vous avez raison... »

Nous sommes descendus tous deux de la rame à la station suivante pour continuer notre discussion autour d'un café. Nous avons parlé de la délinquan-ce, du racisme, des conditions de vie des immigrés et de beaucoup d'autres choses encore. Avais-je transformé un raciste primaire en antiraciste secon-daire? Sans doute pas, mais il avait fini par avouer que les choses étaient moins simples qu'il ne le pensait ce matin encore, avant de prendre son métro.

Des histoires comme celle-là, tous les porteurs du badge pourraient en raconter. Cette petite main que nous avions voulu symbole de solidarité, signe de ralliement des antiracistes, agissait aussi comme un révélateur. Elle montrait à la fois l'ampleur du mal, ce cancer insidieux du racisme qui ronge le pays en ses profondeurs, et l'importance autant que l'opportunité de la réaction qui se dessinait. Ampleur du mal, révélée un jour par les dizaines de téléspectateurs de TF 1 qui ont jugé utile de téléphoner pour protester contre « l'attitude provocatrice » d'Yves Mourousi arborant notre badge. Importance de la riposte démontrée chaque jour par les centaines de milliers d'inconnus agrafant au revers ce petit bout de plastique tellement porteur d'espoir. Regards d'amitié échangés au passage, solidarité inhabituelle affirmée au vu et au su de tous, c'était l'émergence d'une nouvelle génération moins égoïste et moins repliée sur elle-même qu'on ne la décrivait.

Combien de gestes, de mots, d'agressions racistes ont été évités, retenus, parce que des hommes, des femmes, des jeunes étaient là affirmant « n'y touche pas, c'est mon pote »? Force de la raison, force tranquille qui a fait reculer la raison du plus fort.

Agressive? Cette main ouverte a été jugée provocatrice par certains. Ceux qui ont téléphoné à TF 1 ont estimé qu'il était insupportable de voir un présentateur afficher ainsi ses opinions. Comme si l'antiracisme était une « opinion » au même titre que le racisme. Comme si l'on pouvait observer une neutralité de bon aloi et renvoyer les adeptes des deux camps dos à dos. Comme si démocratie et totalitarisme n'étaient somme toute que des systèmes différents, mais aussi valables, d'administration d'une nation.

Le raisonnement raciste – si l'on peut parler, en l'occurrence, de raisonnement – repose sur l'exclusion d'un groupe ethnique ou religieux. Autrefois, pour vendre les Noirs comme esclaves, on niait qu'ils aient une âme. Hier, pour gazer les juifs, on leur attribuait certains caractères génétiques qui en faisaient des sous-hommes. Aujourd'hui, pour refuser aux travailleurs immigrés, aux beurs de la seconde génération et même souvent aux Français d'outre-mer, l'égalité de droits et de traitement en matière d'emploi, de culture, de logement, de santé, on invoque une certaine « différence ». Ces gens-là sont « différents » des bons Français, donc ils ne peuvent exiger les mêmes droits.

Le Figaro Magazine d'Hersant s'est fait le chantre de ces valeurs nationales ainsi menacées par les hordes barbares. Dès sa naissance S.O.S. Racisme a déclenché la sainte et patriotique colère de ses éditorialistes bien-pensants. Pour Annie Kriegel les antiracistes sont dangereux parce que « obsédés par la race ». Comme les racistes. « Racistes et antiracistes également obsédés ont ceci de commun et d'insupportable que, tout en se combattant férocement et en s'excommuniant réciproquement, ils cultivent ensemble une idée de la France rigoureusement opposée à l'idée que les Français se sont faite d'elle au fil du temps. » Ben voyons... Ce sont les antiracistes qui, par leur attitude provocatrice, génèrent les racistes. L'a-t-on assez entendue, cette extraordinaire accusation ?

Nous devrions en ce cas nous excuser pour avoir contraint Louis Pauwels à écrire, notamment après

S.O.S. RACISME
Bulletin hebdomadaire de l'Agence d'onformation
Vendredi 13 septembre 1985

Lundi 9 septembre, pour des millions d'enfants en France, c'est le grand jour de la rentrée scolaire. Cette journée, où l'on retrouve ses copains et ses copines, va devenir pour une dizaine d'enfants un véritable cauchemar.

Mauconduit-II, un établissement scolaire à Villers-Cotterêts. Pour inaugurer la journée de rentrée, Mme Vierse, la directrice de l'établissement, a décidé de démontrer à tous que les petits étrangers sont plus sales que les petits Français. Elle convoque donc une dizaine de ses élèves et leur fait retirer leurs chaussettes. Alors, elle exhibe les enfants et leurs chaussettes dans toute l'école.

C'est ainsi que des parents d'élèves nous ont relaté cette journée. Soucieux de vérifier cette information, nous téléphonons à Mme Vierse. A peine celle-ci apprend-elle l'objet de notre appel qu'elle raccroche sans aucun commentaire. Selon le rectorat d'Amiens que nous avons contacté, Mauconduit-II serait un établissement privé. Ah! oui, une école libre...

notre fête à la Concorde, d'assez belles énormités sur la pote-génération. « Pour parler une langue, il faut d'abord penser dans cette langue. Il faut avoir sucé en naissant le vin de la patrie, être vraiment sorti du sol. » Non, pardon. Ma documentation était mélangée. Cette phrase-là date de 1885 et est signée Édouard Drumont [1]. Pauwels, Pauwels... voilà : « On

1. Propagandiste et militant du racisme et de l'antisémitisme, Édouard Drumont fut notamment l'un des animateurs de la cabale antidreyfusarde au siècle dernier.

clamait l'extrême nécessité le 15 juin de venir prendre notre pied avec notre pote (...) Le langage du béton, les mots en baskets (...). Le déracinement d'une langue prépare celui des esprits. » Les banlieues grises, univers bétonné de millions de parias, donnent le frisson à Louis Pauwels. On le comprend, ce n'est pas gai. Mais qu'on en sorte et qu'on en parle, voilà qui, pour lui, est inacceptable. Nous lui gâchons ses déjeuners. Il proteste : « Si je suis patriote, je suis raciste. Si je tiens à une identité nationale, je suis raciste. Si je crois que le ciment de la France, bientôt millénaire, fut le christianisme, mon christianisme est raciste. » Il se désole : « Des étrangers qui étaient hier une main-d'œuvre sont aujourd'hui une population. »

Eh oui, que voulez-vous mon bon monsieur, de nos jours les gens ne savent plus rester à leur place. Depuis qu'on leur a ouvert nos écoles, accordé le droit de vote, puis des congés payés, puis la sécurité sociale, voilà qu'ils se croient autorisés à réclamer des droits : à la sécurité tout court, à un logement décent, à la culture, à l'expression. Voilà même qu'ils évoquent la dignité due à la personne humaine quelles que soient sa couleur de peau, sa religion, sa profession. Jusqu'où iront-ils? Jusqu'au bout, nous l'affirmons.

S.O.S. Racisme n'est pas plus un phénomène médiatique que la manifestation éphémère d'une idéologie utopique. La France multiculturelle, multiconfessionnelle, multicolore, n'est pas un but pour lequel nous militons, c'est une réalité que rien ne sert de nier. Si l'association et le badge ont provoqué tant de réactions virulentes, c'est qu'ils contraignaient une partie de la société française à se voir telle qu'elle est. Malade. Malade de vieillesse et de peur. Une société qui se ferme aux autres, aux apports extérieurs qui, à travers les siècles, l'ont toujours enrichie, contrainte à évoluer, est une société moribonde.

Cette mort lente, les jeunes, dans leur très grande majorité, l'ont refusée. Peu concernée par la politique, cette génération montante s'est sentie menacée par le racisme. Parce que ce racisme-là est l'expression d'un repli, d'un réflexe de peur face à l'autre, à une manière de vivre, de s'exprimer, d'appréhender la réalité, différente de celle admise par les faiseurs de normes. Or les jeunes rejettent ces normes. La différence est leur univers. Ils n'ont pas peur de cette « société panraciale » dénoncée par *le Figaro*, parce qu'ils y vivent déjà.

Pourquoi S.O.S. a-t-il rencontré autant d'écho parmi cette pote-génération? Parce qu'elle en est directement issue. S.O.S. a utilisé les médias parce que les jeunes vivent dans une société médiatisée. S.O.S. n'a rien à voir avec une organisation traditionnelle, ayant pignon poussiéreux sur rue tranquille, et défilant paresseusement le 1ᵉʳ mai avec tout le monde, parce que nous ne nous sentons ni concernés, ni représentés, ni défendus par ce type d'association. S.O.S. ne s'intéresse pas aux partis politiques, parce que plus personne parmi les jeunes ne prend encore au sérieux leurs leaders sentencieux et leurs querelles ineptes. Mais de la politique, oui, nous en faisons, au coup par coup, parce que nous nous occupons de problèmes essentiellement « politiques », c'est-à-dire relatifs à la vie des citoyens dans la cité. Nous ne nous préoccupons ni des discours ni des promesses. Nous jugeons des comportements. « Parler vrai », pourquoi pas? Encore faut-il « agir vrai » également. Avoir des idées, certes. Les mettre en pratique, c'est encore mieux. Alors oui, nous n'hésitons pas à dire que nous préférons les prises de position d'un Bernard Stasi, C.D.S., ou d'un Dominique Baudis (opposition), aux bulldozers de Paul Mercieca, maire communiste de Vitry, lancés contre un foyer de travailleurs africains. Nous préférons Robert Badinter, ministre socialiste de la Justice, à Alain Peyrefitte, garde des Sceaux R.P.R. et inventeur de la triste loi « Sécurité et liberté ». Et même si tous les problèmes de racisme ne sont pas réglés – loin de là – dans les commissariats, nous nous sentons plus en sécurité avec Pierre Joxe, qui les réprouve, installé place Beauvau, qu'avec Michel Poniatowski, ex-ministre « coup de poing » de l'Intérieur.

Notre mouvement n'est ni une avant-garde ni une société de production de spectacles. Il n'a pas plus de mission que de statut. Il est l'expression d'un sentiment collectif. En ce sens il n'a pas plus de leader que d'appareil. Il est la conjonction de combats individuels pour une cause qui nous est commune. Il est l'addition de milliers d'individualités, d'expériences, de personnalités. Il est au carrefour de tous ces groupes qui aspirent à la fois au respect de leur identité propre et à une vie en commun pacifiée et reconnue.

Lorsqu'avec les copains on essaie d'expliquer l'association, il y en a toujours un qui finit par lâcher, en rigolant, que « S.O.S. c'est une sorte de multinationale ». Ce n'est pas faux. Regardez-les mes copains multicolores, ceux sans qui S.O.S. n'existerait pas, sans qui Harlem Désir serait aujourd'hui un tranquille professeur de collège. Il y en a pour tous les goûts.

Rocky, dorénavant mal nommé depuis qu'il a perdu ses santiags et son blouson de cuir pour plaire à sa dulcinée. Infatigable colleur d'affiches, grand maître du service d'ordre, diplômé, ce qui nous fait hurler de rire, d'études approfondies en questions militaires!

Shéhérazade, aux yeux d'Orient, que les TUC ont eu la bonne idée de nous envoyer, et que l'amitié nous a conservée, pour notre bonheur à tous.

Akim et Benjamin, treize et quatorze ans, inséparables, les plus fonceurs de tous, à l'aise dans la vie comme dans leurs baskets.

Marc, dirigeant des étudiants juifs d'Assas, à la carrure de demi de mêlée, très chatouilleux sur Israël, mais que la douce Rhyma, algérienne, responsable avec lui des comités lycéens, fait fondre comme beur au soleil.

Thaima, au rire communicatif, qui a appris l'anglais sur le tas pour régenter tout le secteur international de S.O.S.

Diégo le Hurleur, noir comme la nuit, mythe fondateur de l'association, mon pote depuis toujours. Au fait Diégo... et mon invitation au Sénégal?

Serge, dit « le Gros », qui, avec Frédérique, Hélène et Cécile, jamais à court d'idées ni de talent, réalise le petit miracle hebdomadaire de sortir notre bulletin au milieu du désordre général dont Éric et Malek sont régulièrement accusés d'être responsables.

Julien le Penseur, mon alter ego, mon frère, insatiable rongeur d'ongles, atteint de téléphonite galopante, conscience aiguë et vigilante de S.O.S.

Francis, notre doyen, ancien déserteur de l'armée française en Algérie, combattant du F.L.N, devenu prof de français, puis décorateur. C'est lui qui s'occupe des comités de province.

Kaissa, Malik, Pierre, Bernard, Fatima, Sébastien, inlassables et partout à la fois comme tous ceux qui, chaque jour, rejoignent S.O.S.

Marianne enfin, sensibilité à fleur de peau, que l'on croirait tombée d'un conte de fées dans cet univers de fous. Tranquille et sage Marianne, capable d'aller plus loin que nous tous pour les causes auxquelles elle croit. Marianne, ma complice.

A.F.P.
S.O.S. continue...
Paris, 24 septembre

Le 21 octobre, deux caravanes composées de voitures, motos, scooters, minibus, quitteront en même temps Avignon et Bordeaux. Elles sillonneront la France, passant par toutes les grandes villes en empruntant des itinéraires qui, sur la carte, formeront le sigle de l'association. A chaque étape, les voyageurs de l'égalité feront signer aux élus et futurs candidats aux législatives de 1986, aux policiers et magistrats, une charte de l'égalité proclamant cinq commandements : le droit pour chacun d'aimer et d'exister librement, de circuler librement, de choisir librement son lieu de résidence, de s'exprimer librement – c'est-à-dire de voter – et d'affirmer partout sa dignité d'homme ou de femme.

Les signataires de la charte feront en outre le serment « de dénoncer chaque expression ou manifestation raciste, antisémite, xénophobe ou discriminatoire, et d'impulser, de soutenir toute action en faveur de l'égalité des hommes et des femmes ». Dans chaque ville, d'autres initiatives – concours de dessins et de chansons antiracistes, baptêmes de rues ou de lieux publics du nom de martyrs de l'apartheid en Afrique du Sud – seront aussi organisées.

Au début du mois de novembre, deux autres caravanes partiront l'une de Rome et l'autre de Stockholm. La première passera à Milan, Vienne, Zurich et Genève. La seconde s'arrêtera à Oslo, Copenhague, Hambourg, Brême, Amsterdam, La Haye et Bruxelles. Ces deux caravanes, qui inviteront à se joindre à elles, dans les capitales ou elles passent, des immigrés de toutes origines, feront la jonction avec les voyageurs français le 1ᵉʳ décembre. Jusqu'au 14 décembre, les quatre caravanes parcourront la région parisienne.

Enfin le 14 décembre, un grand rassemblement est prévu à Paris. Cette manifestation, estime S.O.S. Racisme, sera « la manifestation de l'an 2000 ». Des personnalités et grandes figures internationales venues des cinq continents y seront invitées. Puis tout se terminera en musique lors du grand concert du Bourget, dédié à la lutte contre l'apartheid en Afrique du Sud.

Table